南京中醫藥大學圖書館藏珍本古籍圖録

南京中醫藥大學圖書館　編

國家圖書館出版社

圖書在版編目（CIP）數據

南京中醫藥大學圖書館藏珍本古籍圖録 / 南京中醫藥大學
圖書館編. — 北京 : 國家圖書館出版社, 2024.10

　　ISBN 978-7-5013-7953-8

　　Ⅰ. ①南… Ⅱ. ①南… Ⅲ. ①院校圖書館—古籍—善本—
圖書館目録—南京 Ⅳ. ①Z822.6

中國國家版本館CIP數據核字（2024）第040093號

書　　名　南京中醫藥大學圖書館藏珍本古籍圖録
著　　者　南京中醫藥大學圖書館　編
責任編輯　黄　鑫

出版發行　國家圖書館出版社（北京市西城區文津街7號　　100034 ）
　　　　　（原書目文獻出版社　北京圖書館出版社）
　　　　　010-66114536　63802249　nlcpress@nlc.cn（郵購）
網　　址　http://www.nlcpress.com
排　　版　愛圖工作室
印　　裝　北京雅圖新世紀印刷科技有限公司
版次印次　2024年10月第1版　2024年10月第1次印刷

開　　本　889×1194　1/16
印　　張　15.25
書　　號　ISBN 978-7-5013-7953-8
定　　價　380.00圓

《南京中醫藥大學圖書館藏珍本古籍圖録》
編委會

前　言

　　中華民族在數千年的歷史發展中，創造了光輝燦爛的文化，留下了許多富含東方健康智慧的醫藥典籍。這些典籍承載着中華民族特有的精神價值、思想智慧和生命知識，蘊含着豐富的原創思維、獨特理論和實踐經驗，是中醫藥文化傳承的重要載體，也是中醫藥創新發展的不竭源泉。保護好、傳承好、利用好這些古代典籍，對於繼承和發揚中華民族優秀傳統文化，促進健康中國建設具有十分重要的意義。

　　“師古而不泥古，創新而不離宗”是中醫藥學術薪火相傳的規律。江蘇自古人文薈萃，學術昌明。明清以來，江蘇醫脉綿延、流派紛呈、名醫輩出，在我國中醫學發展史上形成了鮮明的文化景觀。創建於 1954 年的南京中醫藥大學，是全國建校最早的高等中醫院校之一，爲新中國高等中醫藥教育培養了第一批師資、編撰了第一套教材、制訂了第一版教學大綱，爲新中國高等中醫藥教育模式的確立和推廣作出了開創性貢獻，被譽爲“高等中醫教育的搖籃”。作爲給“搖籃”提供智力資源保障的部門，圖書館自建館以來，一直把中醫藥古籍的收藏作爲立館之基，把彰顯江蘇中醫藥歷史底蘊作爲興館之要，以求及時爲教學科研工作提供古爲今用、推陳出新的源頭活水。歷七十載寒暑，經幾代圖書館人淘瀝與呵護，館內現藏古籍 4600 餘部 41000 餘册，中醫藥古籍特色鮮明，自成一格，向爲學界所關注。

　　作爲一種不可再生的稀缺性資源，經過漫長的時間洗禮，大多數中醫藥古籍因蟲蛀、老化、黴變等問題存在不同程度的破損，由此造成古籍存藏保護與研究利用之間的不平衡。自 2008 年入選“全國古籍重點保護單位”開始，南京中醫藥大學圖書館積極促進"中華古籍保護計劃"和"江蘇省古籍保護工作計劃"的實施，在改善中醫藥古籍保護環境、開展古籍版本鑒定、破損修復、構建古籍數字化平臺等基礎工作的同時，也通過古籍專題集成、點校闡釋、知識發現等研究工作促進館藏古籍的傳播推廣，此次圖録編撰即是其中文獻整理工作之一。

古籍圖録利用圖示形式將古籍分類編次，是圖書館揭示文獻遞藏源流及版本特色的重要工具，也是學者考鏡古籍版本、參稽古籍文化與學術價值的重要參考。在對館藏古籍種類、版本、體例等基本信息進行有效梳理，對蟲蛀滿眼、板結如磚、觸之即碎的古籍進行有效修復的基礎上，開展特色古籍圖録的編撰，對於研究人員而言，一方面可彌補古籍研究者不能逐一翻閱古籍底本進行版本知識研究的缺憾；另一方面，通過形成新的文獻載體，可爲中醫藥文獻研究、人才培養等工作提供高還原度的參考資源。

本《圖録》從 4600 餘部館藏古籍中精選 157 部珍本古籍，其中入選《國家珍貴古籍名録》4 部，入選《江蘇省珍貴古籍名録》32 部。内容方面，所選書目覆蓋醫經、基礎理論、傷寒金匱、診法、針灸推拿、本草、方書、臨證各科、養生、醫案醫話醫論、醫史、綜合等各個方面，尤以吳門醫派、山陽醫派、孟河醫派、龍砂醫派等極富地域特色的醫學流派文獻爲多。版本上，選擇稿本、珍貴抄本、明刻本、清初精寫精刻本、海外刻本等代表性古籍，各配書影一至四張，以求儘量展示古籍的版本特徵與獨特風貌；書影下配有解釋説明文字，力求精準。著録信息主要包括書名、卷數、著者、版本、册數、版匡尺寸、藏書印記、名録號等，力求在形象揭示館藏中醫藥古籍的歷史面貌及遞藏源流的基礎上，爲中醫藥古籍版本研究、鑒定及中醫藥學術研究提供豐富的參考數據。另外，爲發揮圖録的工具書屬性，對入選書目按中醫各科進行分類，并編製書名索引，便於讀者從專業視角及館藏資源應用角度進行檢索應用。

圖以彰其形，録以釋其意。作爲一種特殊的工具書，古籍圖録因其圖文并茂、形象直觀、資料豐富、工具性强，而成爲傳承、弘揚中華民族優秀傳統文化，向全社會展示、傳播古籍保護理念的重要載體。《南京中醫藥大學圖書館藏珍本古籍圖録》的編撰，一方面旨在展示館藏古籍的品種、品質及存藏情況，另一方面，對所選書目版本版式信息的説明、鈐印的識讀，也是館員以挖掘館藏古籍精華、促進中醫古籍應用爲旨向，積年纍月所形成的學術研究成果。希望本册圖録的出版能在展示醫學善本古籍精華的同時，也能肩負起揭示重要醫書之珍貴版本特點的作用，進而爲彰顯南京中醫藥大學圖書館藏文獻歷史、展示江蘇中醫藥深厚文化底藴、促進中醫藥事業傳承與文化傳播作出應有的貢獻。

李文林

2024 年 8 月

凡　例

　　一、編排原則：《南京中醫藥大學圖書館藏珍本古籍圖録》分爲上下編，上編收録 32 部珍稀醫典，以入選《國家珍貴古籍名録》和《江蘇省珍貴古籍名録》爲原則分爲兩大類，各類以下再根據内容按序編排。下編收録 125 部醫書，根據内容分十大類，包括醫經、仲景學説、本草、方書、針灸、診療、臨證各科、基本理論、醫案、全書叢書等。另有兩部非醫著作附於下編末尾。

　　二、選圖原則：每種古籍書影最少一幀，盡可能選擇著録題名、責任者的正文首卷卷端葉、牌記、插圖葉以及特有的藏印、批校題跋等葉的特色書影。先排首卷卷端葉、再據原書順序依次排列。

　　三、著録原則：每種古籍的基本信息包括書名、卷數、著者、版本、册數等。説明文字主要展示書籍的客觀狀況，包括版匡規格、行款、版式、藏印以及存藏情况等。稿抄本無版匡、界欄者則著録開本規格等。版式主要著録書口、邊欄、魚尾，版心有刻工姓名者酌情著録。印章著録中回文印等以正常識讀順序著録，南京中醫藥大學及其前身之館藏印章不著録。上編説明文字另附有入選《國家珍貴古籍名録》和《江蘇省珍貴古籍名録》的名録編號。書名、著者、藏印等盡可能據原書著録，其他各項大致以通行繁體字著録。

　　四、索引編製：爲便於讀者從專業視角及館藏資源應用角度進行檢索應用，全書後附書名筆畫索引。

目　録

上　編

國家珍貴古籍

江蘇省珍貴古籍

下　編

醫經

針灸

診療

臨證各科

其他

上編

黃帝素問靈樞經

黃帝內經十八卷，靈樞九卷、素問聞其

迺其數焉。馬此本行，唯素問耳。越人得其

一而述之難經，至甲乙而爲甲乙，諸蒙燦

恣自此始，其間或有得失，未木可爲後世凛

恣而述此難經，至甲乙而益矣。

其述馬出世所本行，唯素問耳。越人得

其述馬出世所本行，唯素問耳。

如南陽汪氏，人主書淨恣迸者喊也，蓮接曰靈

新穀氣入于胃，與故其氣相爭故曰

之則理可斷矣文如難經

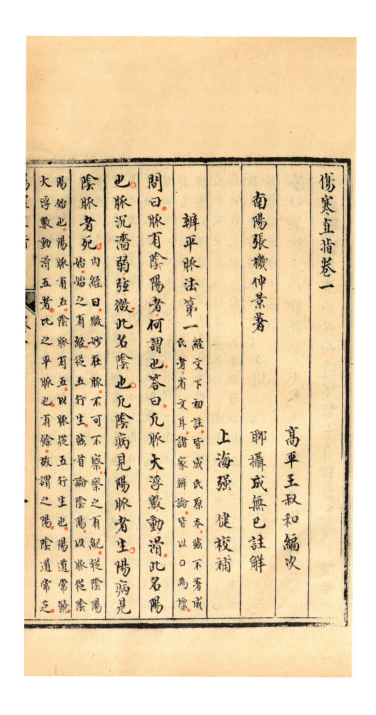

傷寒直指十六卷

（漢）張機撰　清乾隆二十四年（1759）上海强健定稿本　八册

　　匡高 20.7 厘米，廣 14.5 厘米。半葉九行，行二十二字，小字雙行同。白口，四周雙邊，單黑魚尾。强健爲著名篆刻家，該書序末和書末均鈐有多枚陰陽文印記："强行健印"陰文、"順之"陽文、"易窗道人"陽文、"易窗藏書"陰文、"太原伯子"陰文、"順之氏"陽文、"致和書屋"陰文、"隴西"陰文。國家珍貴古籍名録號 04572，江蘇省珍貴古籍名録號 0585。

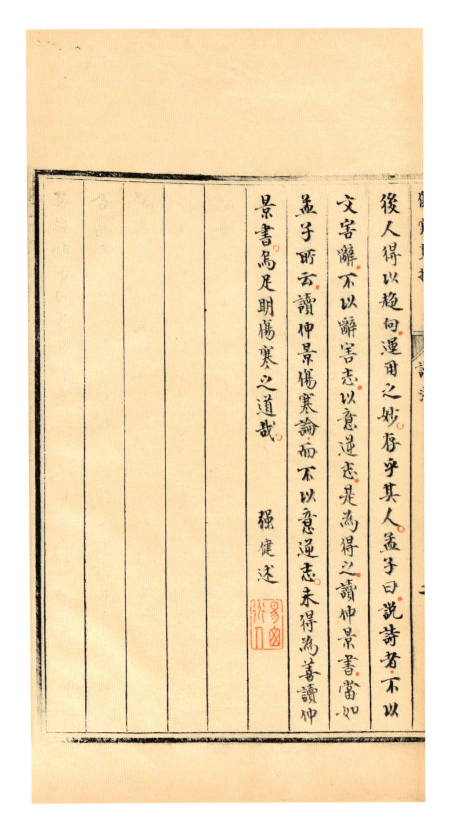

後人得以趨向運用之妙存乎其人盂子曰說詩者不以
文害辭不以辭害志以意逆志是為得之讀仲景書當如
孟子所云讀仲景傷寒論而不以意逆志未得為善讀仲
景書為足明傷寒之道哉

強健述

傷寒直指總論

竊惟傷寒證多傳變非仲景著論以始之後世孰能開此

法門人但知宗內經病熱一語間識三陰直中之候而麻

附細辛之溫經散寒理中四逆白通通脉之回陽救陰有

斡旋造化之功㫹萬世不易之法無仲景則傷寒何所據

惜其書遭散佚叔和編次失序未免難明易誤歷代名醫

參互放訂是非非大抵隨文釋義者多决疑補漏者少

欲求全璧寔難得焉固非潛心會悟閱歷揣摩則傷寒深

與豈容易言何怪乎學者視為畏途無人能破千載之樂

傷寒直指

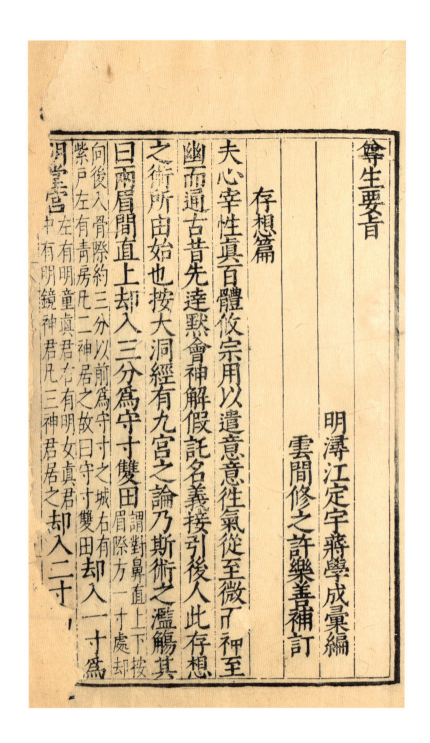

尊生要旨不分卷

（明）蔣學成彙編　（明）許樂善補訂　明萬曆刻本　一册

匡高 20.5 厘米，廣 13.5 厘米。半葉十行，行二十二字，小字雙行同。白口，四周雙邊，雙魚尾。版心下方有刻工姓名"顧如志"。所補圖譜，工筆精繪，十分難得。國家珍貴古籍名録號 04628，江蘇省珍貴古籍名録號 0608。

通脊督脉導引圖說

如龍擺尾之狀
說具於後

日間暇時可爲

八段錦導引圖訣

自然身輕體健百邪皆除走及奔馬不復疲乏矣

其法先須閉目冥
心盤坐握固靜思
然後叩齒二十四
集神次义兩手向
頂後數九息勿令
耳聞乃移手各掩
耳以第二指壓十
指擊彈腦後左右
各二十四次

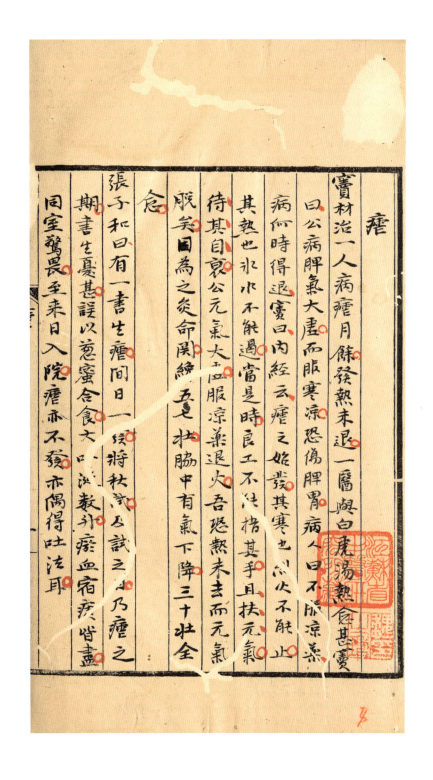

續名醫類案三十六卷

（清）魏之琇撰　清乾隆三十九年（1774）錢塘魏之琇稿本　十冊

黑欄稿紙。界欄高19.3厘米，廣14.2厘米。半葉十一行，行二十三字。白口，左右雙邊，單黑魚尾。有“魏之琇印”印。國家珍貴古籍名録號04618，江蘇省珍貴古籍名録號0600。

薛立齋曰嘉靖
甲申春南都大疫
立聖散子普流
老幼並服表者
接踵死者塞途
良可哀憫殊不知
此方因嶺南風土
所作且浙之与廣
相去萬里殊域異
方天冈人事大不相
侔豈有藥一沿療
而無誤者哉

王宇泰曰

疫

聖散子方曰東坡先生作序由是天下神之宋□宋末辛末年永
嘉瘟疫服此方被害者不可勝紀余閱葉石林避暑錄云
宣和間此藥盛行于京師太學生信之尤篤殺人無數醫
頓廣之昔坡翁謫居黄州于其地瀕江多甲濕而黄之居
人所感者或曰中濕而病或曰雨水浸淫而得所以服此
藥而多効是以通行於世遺禍于無窮也紅治癸丑年吳
中疫癘大作吳邑令採磬念醫人修合聖散子遍施街衢
并以其方列行病者得之十無一生卒皆狂躁昏瞀而卒
憶孫公之意本以活人殊不知聖散子方中有附子良薑
吳茱萸豆蔻木香等劑皆性味燥熱反助火邪不死

念世人治瘡惟用常山砒霜毒物多有所揭此方平易人

所不知草窗周密云此方治瘡以無根水下治爾以黃連

本香湯下瘡爾多起于積滯故再王死百一方　全上

顧寶光善畫陸漸病風瘡久不療光寶嘗詣漸溉漸漸命筆圖一

獅子像于戶外云旦旦當有驢至夜閒窻窗之聲明日視

獅子口有血淋漓漸相遂愈　姚福志

張守淳冬月惠三瘡歡二一月延王蓉兀該王搖首曰更十

日則不治矣必用參附乃可小減其父躍然而否不敢應

王力持前說服參附各一錢乃至二錢瘡粗損六七明年

初夏始念筆淡

龔子才治一婦人瘡久不已發後口乾倦甚用七味白术散

生薑一味赤勁

薑四兩煨熟薑服即止或以大劑補中益氣加煨薑九劫

湯加蒼术半夏十餘劑而愈凡瘡常以參术各一兩生

湯加舉胡黃柏川芎常歸黃連兩帖熱少輕飲食不進四

越月矣每發于夜熱至夜少左脈微弦右關滑大以二陳

孫文垣諸子瘇瘡三陰瘡發於子午卯酉日蠟人謂為己四

庶章之弟十月發三陰瘡至次年仲春未山海蔑于辰戌丑

未日昔人謂為午後寒多熱少夜有盜汗左脈軟翁右關

七分烏梅一个一帖而截

殷嬾倦脾氣大虛以白术阿首烏各三錢鱉甲二水青皮

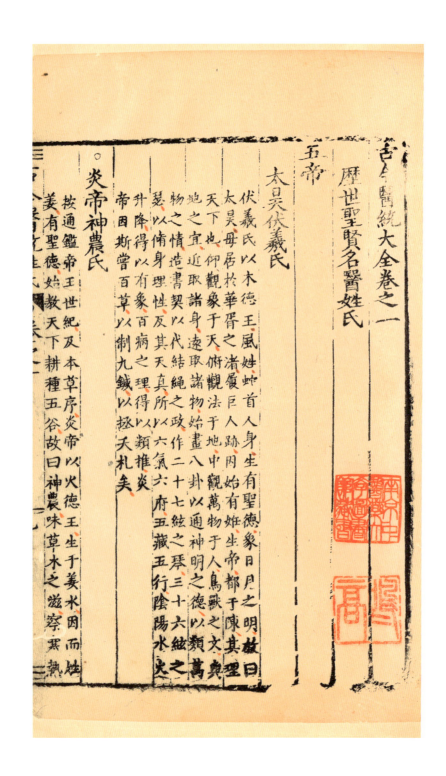

古今醫統大全一百卷

（明）徐春甫編　明萬曆初陳長卿刻本　六十四册

匡高 19.8 厘米，廣 13 厘米。半葉十行，行二十字。白口，四周單邊，單黑魚尾。國家珍貴古籍名録號 04613，江蘇省珍貴古籍名録號 0598。

本書乃明代劉文江蘇省中醫院

內科主任曹鳴高同志所贈

江蘇省中醫圖書館珍藏

一九六〇年五月

新安後學東臯徐春甫編集

松江後學涵春金　楷校正

○脾胃門

病機

内經敘論

経脉別論曰食入於胃散精於肝淫氣於筋食入於胃濁氣歸心

淫精於脉脉氣流経経氣歸於肺肺朝百脉輸精於皮毛毛脉合

精行氣於腑腑精神明流於四臟氣歸於權衡權衡以平氣口成

古今醫統大全卷之四十三

新安徐春甫編集

四明宋　法校正

○痰飲門

稠濁者為痰清稀者為飲一為火燥一為寒濕今醫不分混同出治所以鮮能取効

病機

痰飲敍論

經曰諸痙強直[積飲]否膈中滿霍亂吐下體重胕腫肉如泥按之不起皆屬於濕此是太陰濕土乃脾胃之氣為病也

張子和論痰有五曰[風痰]曰[濕痰]曰[食痰]曰[火痰][酒痰]是也風痰多帶涎沫因形寒飲冷或因感風而發或因風熱拂鬱而致則痰清

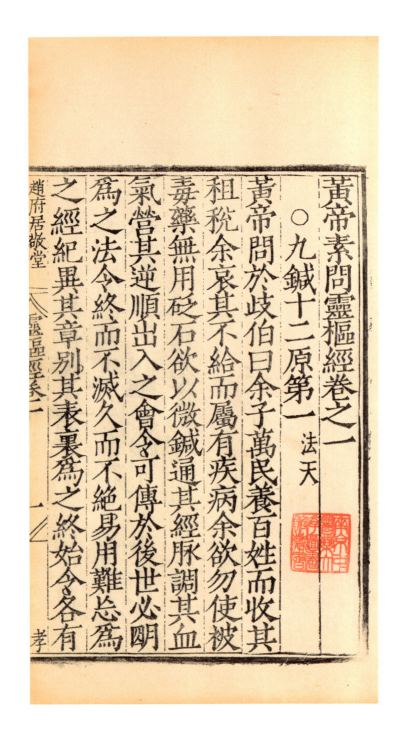

黃帝素問靈樞經十二卷

（宋）史崧校正　明嘉靖趙府居敬堂刻本　十册

匡高 20.4 厘米，廣 13.2 厘米。半葉八行，行十七字，小字雙行同。白口，四周雙邊，對雙白魚尾。版心下方有刻工姓名"孝""恒""陸""崔""悌""侃""仲""雲""倫"。有"費信堂印"印。江蘇省珍貴古籍名録號 0582。

黃帝素問靈樞經敘

昔黃帝作內經十八卷靈樞九卷素問九卷

迺其數焉世所奉行唯素問耳越人得其一

二而述難經皇甫謐次而爲甲乙諸家之說

悉自此始其間或有得失未可爲後世法則

謂如南陽活人書稱欬逆者噦也謹按靈樞

經曰新穀氣入于胃與故寒氣相爭故曰噦

舉而並之則理可斷矣又如難經第六十五

趙府居敬堂

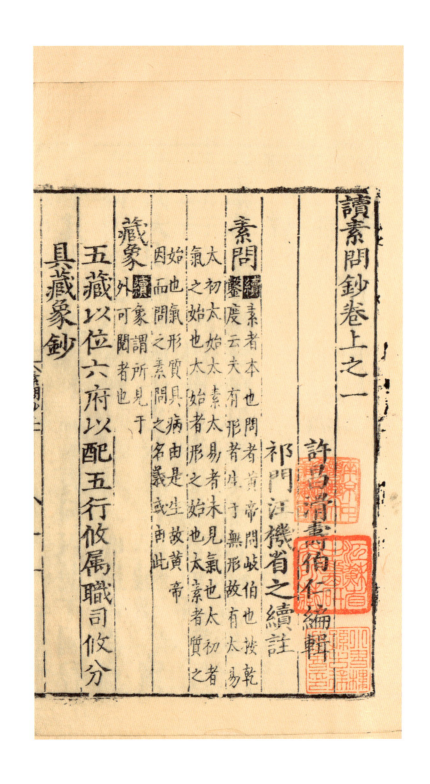

讀素問鈔九卷

（元）滑壽輯　明嘉靖三至五年（1524—1526）刻二十年（1541）遞修本　十二冊

匡高 18.7 厘米，廣 12.4 厘米。半葉九行，行十八字，小字雙行同。白口，四周單邊，順雙白魚尾。版心下方有刻工姓名"程玘綱""吳世"。江蘇省珍貴古籍名録號 0581。

五運六氣樞要之圖

起司天在泉并客氣

子午少陰地太陰丑未墟寅申少陽明外間數辰戌太
陽配厥陰巳亥居其中主一怖依此順數諸進三司地位進

四客之初

如遇子午歲少陰乃司天除本位數至第三陽明為在泉
第四太陽即客初氣次厥陰復次少陽終陽明目大暑後主下半年每氣六十
年次太陰次少陽終陽明目大暑後主下半年每氣六十
日八十七刻牛布于主氣之上餘同主客之圖

運氣易覽三卷

（明）汪機編　明嘉靖十二年（1533）程鐈刻本　一冊

匡高 19 厘米，廣 12.9 厘米。半葉十二行，行二十三字。白口，四周單邊，雙黑魚尾。江蘇省珍貴古籍名録號 0577。

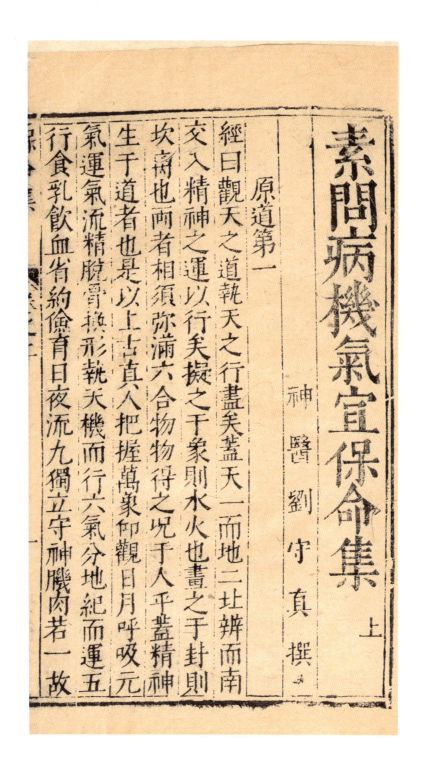

素問病機氣宜保命集三卷

（元）劉完素撰　明懷德堂刻本　二冊

匡高 19.5 厘米，廣 12.2 厘米。半葉十行，行二十二字。白口，四周雙邊，單黑魚尾。江蘇省珍貴古籍名録號 0580。

類經三十二卷

（明）張介賓類註　明天啓四年（1624）會稽謝應魁刻本　二十四册

匡高 21.2 厘米，廣 13.6 厘米。半葉八行，行十八字，小字雙行同。白口，四周單邊，單白魚尾。有 "王弘基字培公" 印。江蘇省珍貴古籍名録號 02521。

上編 江蘇省珍貴古籍

敦敏成而登天。

按史記黃帝姓公孫名軒轅有

熊國君少典之子繼神農氏而

有天下都軒轅之丘以土德王故號黃帝神靈而

聰明之至也以質言徇順也齊中正也敦厚大

也敏感而遂通不疾而速也此節乃羣臣紀聖

德禀賦之異礙言之蚤方其幼也能順而正及

其長也旣敦且敏故其垂法象以教化大行其

於廣制度以利天下垂法象以教後世自古帝

位百年壽百十一歲而遠也○尼人之死魂歸

王無出其右者成而登天謂治功成天年盡在

於天今人云死爲升天者蓋本諸此世傳黃帝

後鑄鼎於閿湖之山鼎成而白日升天者似涉

於誕○徇徐切長上聲迺問於天師曰余聞上古之人春

俊切長上聲

秋皆慶百歲而動作不衰今時之人年半百而

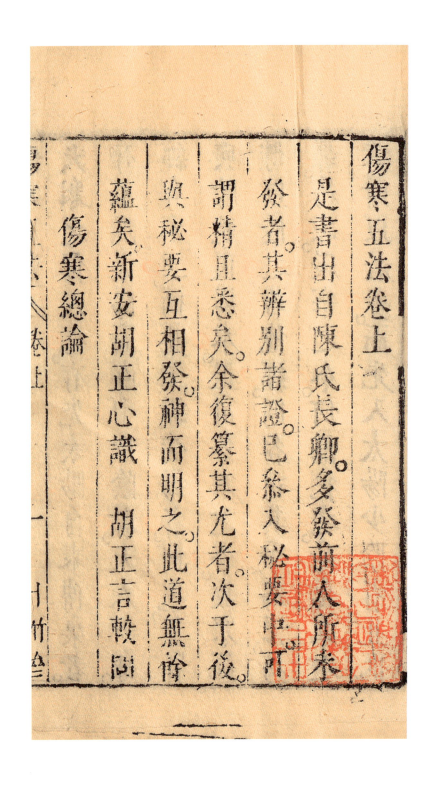

傷寒五法兩卷

（明）陳長卿著　明崇禎六年（1633）十竹齋刻袖珍醫書本　二冊

匡高 10.2 厘米，廣 6.8 厘米。半葉七行，行十五字。白口，四周單邊，單白魚尾，版心下有"十竹齋"。江蘇省珍貴古籍名録號 02527。

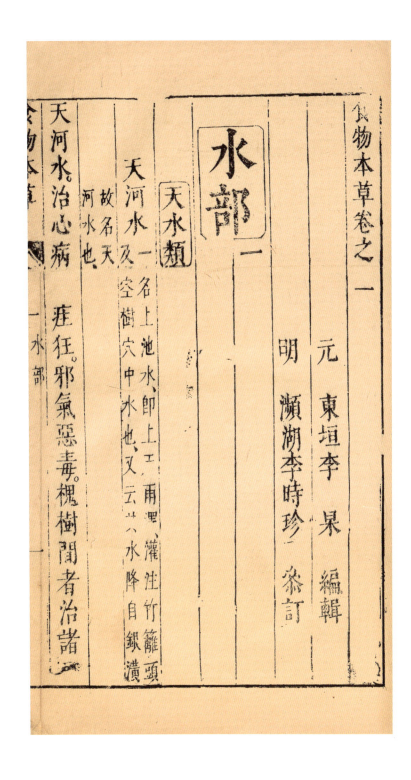

食物本草二十二卷

（元）李杲輯　明天啓刻清初遞修本　二十四册

匡高 21.3 厘米，廣 13.5 厘米。半葉九行，行二十字，小字雙行同。白口，四周單邊，單黑魚尾。
江蘇省珍貴古籍名録號 02525。

菱科 食莖葉

夏秋採，
熟食……

采菱科采菱科小舟日日
臨清波菱科采得餘幾何
竟無人唱采菱歌風流無
復越溪女但采菱科救飢
餒、

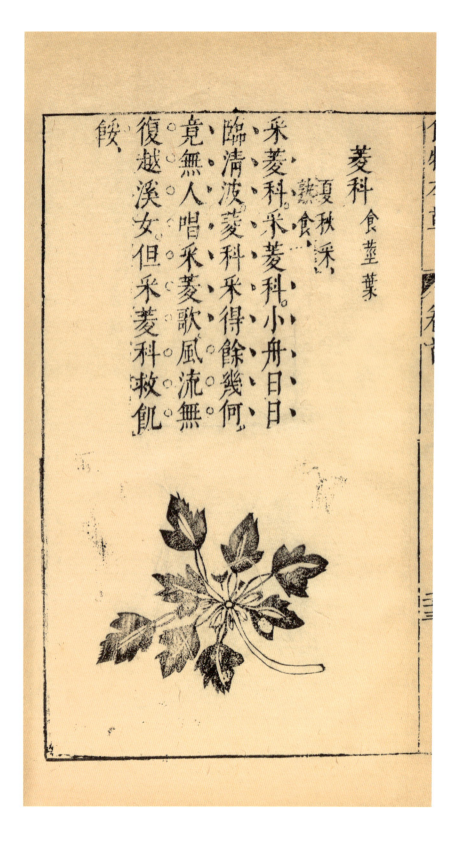

攝生衆妙方卷之三　　四明芝園主人集

補養門　　益都尧岡山人校

大造丸

紫河車一具用男子初胎者佳米泔水洗净焙乾為末

敗龜板年久者良

竜便浸七日

黄柏褐色去粗皮一兩五錢鹽酒炒

酥炙二兩

杜仲酥炙去絲一兩

五日去苗酒浸晒乾為末一兩二錢

生地黄六兩入砂仁白茯苓各一味研乾添酒為餅酒

牛膝去

錢重二兩稀絹袋盛入磁罐内只將地黄

七次去茯苓砂仁不用

天門冬去心一方有人參一兩

麥門冬去心三錢

右各為末連地黄餅子石臼搗極匀酒米糊為

丸如梧桐子大空心臨卧白湯鹽湯姜湯任下

攝生衆妙方十一卷

（明）張時徹撰　明隆慶三年（1569）衡王府刻本　四册

匡高 19.8 厘米，廣 15.4 厘米。半葉十行，行二十字，小字雙行同。白口，四周雙邊。江蘇省珍貴古籍名録號 0597。

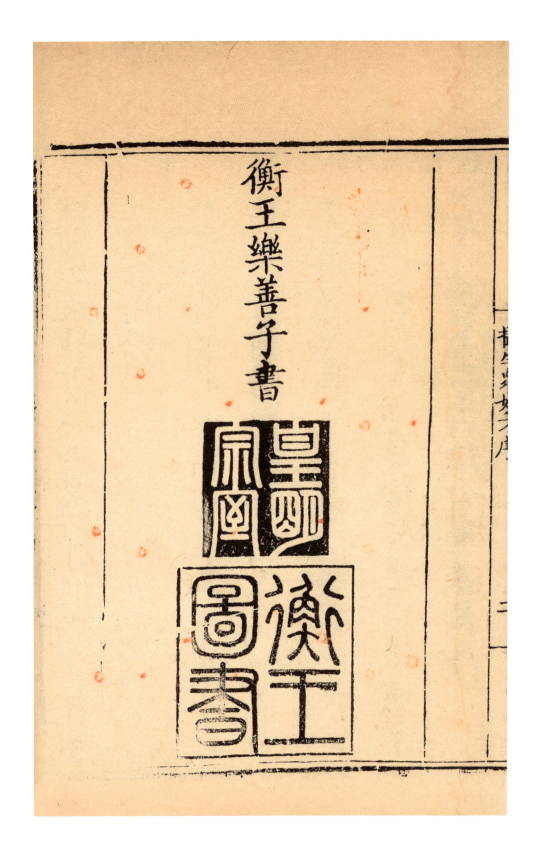

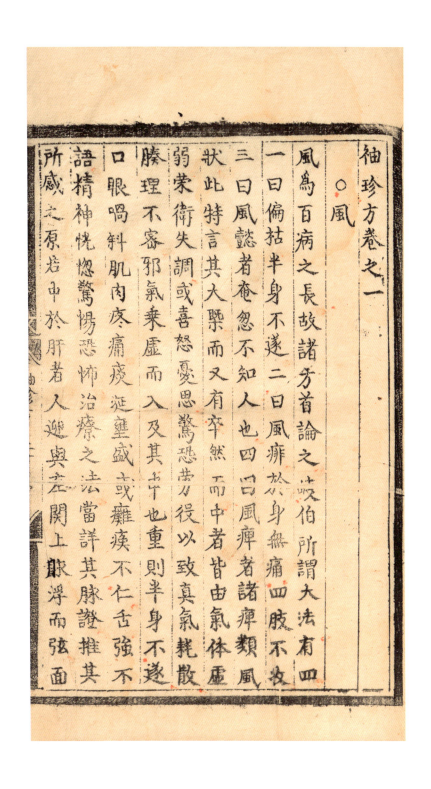

袖珍方卷之一

○風

風為百病之長故諸方首論之岐伯所謂大法有四
一曰偏枯半身不遂二曰風痱於身無痛四肢不收
三曰風懿者奄忽不知人也四曰風痺者諸痺類風
狀此特言其大略而又有卒然而中者皆由氣体虛
弱榮衛失調或喜怒憂思驚恐苦勞役以致真氣耗散
腠理不密邪氣乘虛而入及其卒也重則半身不遂
口眼喎斜肌肉疼痛痰涎壅盛或癱瘓不仁舌強不
語精神恍惚驚惕恐怖治療之法當詳其脉證推其
所感之原若中於肝者人迎與左關上脉浮而弦面

袖珍方四卷

（明）李恒編　明正德刻本　二十四册

　　匡高 22.8 厘米，廣 15.1 厘米。半葉十一行，行二十字。大黑口，四周雙邊，雙黑魚尾。江蘇省
珍貴古籍名録號 0593。

白芷　甘草炒　桔梗各一兩

烏藥去木二兩

右為末每服五錢水一盞薑三片棗一箇煎七分

溫服增寒壯熱頭痛肢體倦怠加蔥白三寸同煎

俳服出汗或悶挫身体不能屈伸溫酒調服遍身

癮癢抓之成瘡用薄荷煎服常服能踈風順氣

【人參順氣散】和劑方治感風頭疼鼻塞聲重及一應中

風宜服此藥踈通氣道然後進之以風藥

乾薑　人參各一兩　川芎去蘆

甘草炙　苦梗去芦　厚朴去皮薑製

白木去芦　陳皮去白　白芷

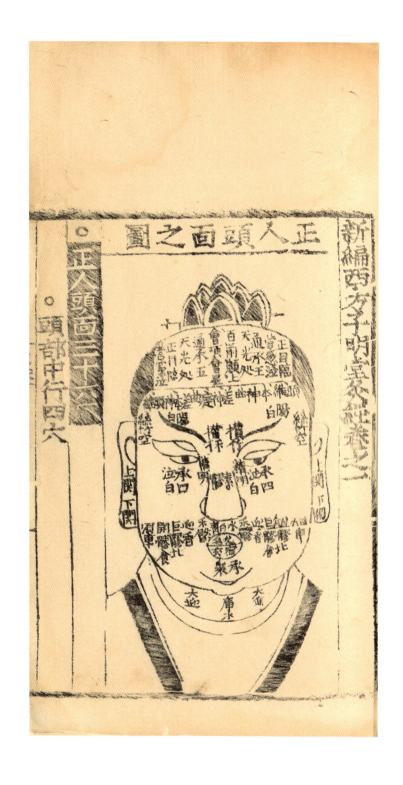

新編西方子明堂灸經八卷

（明）西方子著　明山西平陽府刻本　四册

匡高 18.4 厘米，廣 13 厘米。半葉十行，行二十一字。白口，四周單邊。江蘇省珍貴古籍名録號 0606。

新刻太醫院發刻醫家必究杏苑生春卷之二

太醫院出人 紹庄 徐文元 發刻

醫正 活溪 芮經 纂集

秣陵後學 文麗 紀夢德 次編

太醫院官 雲林 龔廷賢 校正

金陵書貟坊 蔣氏 石渠閣 梓

○衂血

有婦人經候凝結黑血成塊左脇有血瘕水泄不止米穀有時不化後血塊暴下幷米俱作是前後二陰有形血脫致踦於下既久經候猶不調水泄日見三兩行令罷心煩飲食減少甚至瘦弱東垣曰聖人曰病必本四時升降浮沉之理權變之宜必

杏苑生春八卷

（明）芮經　（明）紀夢德等編　明萬曆三十八年（1610）金陵書坊蔣氏石渠閣刻本　三十四冊

匡高 21 厘米，廣 13.3 厘米。半葉十二行，行二十四字。白口，左右雙邊，單黑魚尾。江蘇省珍貴古籍名録號 0599。

新刻杏苑生春叙

嘗謂醫亦難言矣非醫之難也
非得其理之難也得其理而協
於其竅之難也夫醫者意也以
我之意迎人之意則兩意相孚
脉絡自貫若何而爲外感若何
而爲內傷若何而爲積痼若何
而爲乍萌顯證其方黙調其劑

内外傷辯惑論三卷

（元）李杲撰　明嘉靖八年（1529）遼藩朱寵瀁梅南書屋刻東垣十書本　一册

匡高 18.7 厘米，廣 12.8 厘米。半葉十一行，行二十字。白口，左右雙邊，單白魚尾。江蘇省珍
貴古籍名録號 0588。

内外傷辯惑論卷中

　　　　　東垣老人李杲撰

飲食勞倦論

古之至人窮於陰陽之化究乎生死之際所著内經
悉言人以胃氣為本盖人受水穀之氣以生所謂清
氣榮氣衛氣春升之氣皆胃氣之別稱也夫胃為水
穀之海飲食入胃遊溢精氣上輸於脾脾氣散精上
歸於肺通調水道下輸膀胱水精四布五經並行合
於四時五藏陰陽揆度以為常也茍飲食失節寒溫
不適則脾胃乃傷喜怒憂恐勞役過度而損耗元氣
旣脾胃虛衰元氣不足而心火獨盛心火者陰火也

婦人良方卷之首　　古吳薛　己撰

几例

一　各論有重復關畧悉遵素難及歷代各醫治法

增減庶灼見本症病因不致分雜難曉

一　各論有陳無擇熊教峯二先生評論治法去繁

就簡併入本論以便觀覽

一　諸治驗原隨方者悉從其舊若詞義重復者刪

之以便覽閱

婦人良方卷之首

婦人良方二十四卷

（宋）陳自明編　（明）薛己注　明唐富春刻本　十册

匡高 20.8 厘米，廣 12.9 厘米。半葉九行，行十九字。白口，四周單邊。有"桐谷高岐鳴岡氏藏書之章"印。江蘇省珍貴古籍名録號 0603。

嬰童百問卷之一

初誕第一問

嬰童在胎稟陰陽五行之氣以生成五臟六腑百骸之體悉具必藉胎液以滋養之受氣既足自然分娩初離母體尸有液毒啼聲未出急用軟綿裹指拭去口中惡汁難是良法然倉卒之際或有不及如法者古人有黃連法朱蜜法甘草法用之殊佳覓使惡物嚥下伏之於心遇天行時氣久熱不除乃乘於心心主血脉得熱而散流溢於胃而胃主肌肉發出於外

嬰童百問

卷一初誕
一

嬰童百問十卷

（明）魯伯嗣撰　明嘉靖三槐堂刻本　六冊

匡高 21.2 厘米，廣 13.5 厘米。半葉九行，行二十字。白口，四周單邊，單黑魚尾。有"研幾"印。江蘇省珍貴古籍名録號 02536。

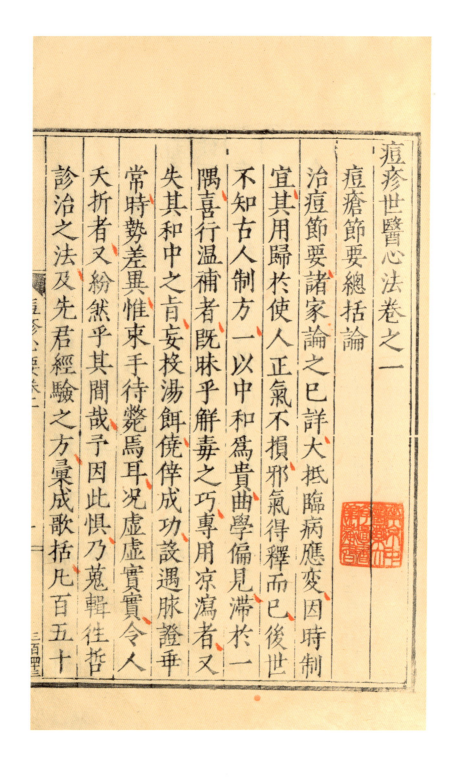

痘疹心要二十五卷

（明）萬全編　明萬曆十一年（1583）吳門陳允升刻本　六册

　　匡高 21.2 厘米，廣 14.3 厘米。半葉十行，行二十字。白口，四周雙邊，單黑魚尾。子目有：痘疹碎金賦二卷、痘疹世醫心法十二卷、痘疹格致要論十一卷。江蘇省珍貴古籍名録號 01883。

痘疹碎金賦

痘本胎毒俗曰天瘡雖癘氣之傳染亦隨機之顯

彰變遷莫測酷惡難當肌肉潰脫兮若蛇蛻皮龍

蛻骨精神困頓兮如蜩在灰蟬在湯瘡有瘀密兮

瘀者輕而密者重毒有微甚兮微則祥而甚則殃

笑彼拘於日數者未達遲速之變悲夫惑於鬼神

者不求醫藥之良

乾坤妙合震巽分張受氣於父兮得陽精而凝結

成形於母兮賴陰血以培養民多嗜慾氣匪淳厖

淫火熾於衽席食穢蓄於膏梁精血稟其毒氣兮

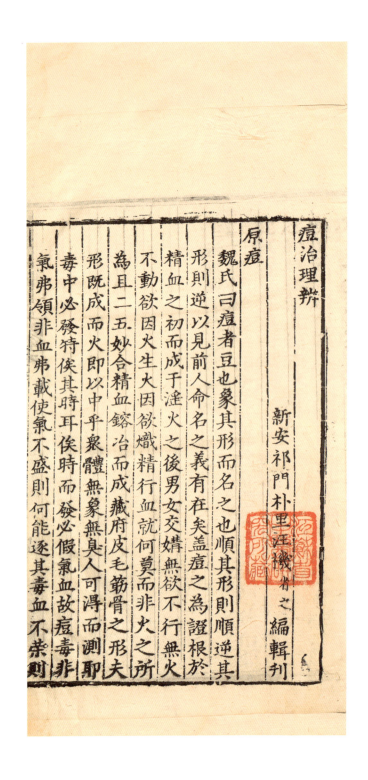

痘治理辨一卷

（明）汪機輯　明嘉靖十三年（1534）刻本　二册

匡高 18.5 厘米，廣 12.3 厘米。半葉十一行，行二十二字，小字雙行同。白口，四周單邊，單白魚尾。卷首有石山先生像贊。江蘇省珍貴古籍名録號 0576。

外科精要卷上

臨江陳自明良甫編

吳郡後學薛已校註

療發背癰疽灸法用藥第一

經云諸痛痒瘡瘍皆屬心火前輩又謂癰疽多

生於丹石房勞之人凡人年四十巳上患發背

等癰宜安心早治此症如虎入室禦而不善必

至傷人宜先用內托散次用五香連翹湯更以

騎竹馬法或隔蒜灸并明灸足三里以發泄其

毒蓋邪之所湊其氣必虛留而不去其病乃實

外科精要三卷

（宋）陳自明編　明嘉靖二十七年（1548）刻本　三冊

匡高 19 厘米，廣 13.8 厘米。半葉十行，行十八字。白口，左右雙邊，單黑魚尾。江蘇省珍貴古籍名錄號 0578。

秘傳眼科龍木醫書總論卷之一

一審的諦發揮

詳夫自古名人無不與學而就功推究事理盡因事
以言文須在理通方當行用者或言詞無據即不足
與計論臣從功歲業此道銘心亦廼數世相傳豈敢
妄違先哲乃逢同道皆言眼淚有七十二般及問其
數名迹難言一半今則謹按諸家眼論夙夜搜求敬
推眼疾之名果有七十二種攄其疾狀患者頗多論
錄為歌以貽後代又自古諸家之眼各有條章病散
一二不同數自皆畫不盡或有畫作圖形或有詞生

眼科龍木論十卷

（明）葆光道人撰　清藜照書屋刻本　四册

匡高 18.7 厘米，廣 13.3 厘米。半葉十行，行二十字。白口，四周單邊，單黑魚尾。江蘇省珍貴古籍名録號 01882。

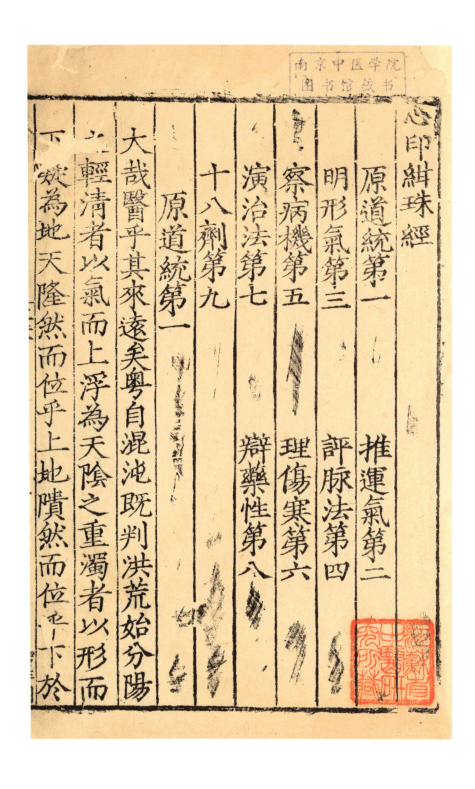

心印紺珠經二卷

（明）李湯卿撰　明嘉靖二十一年（1542）邢址刻本　二册

匡高 21.4 厘米，廣 13.8 厘米。半葉十行，行二十字。白口，四周單邊。江蘇省珍貴古籍名録號
0595。

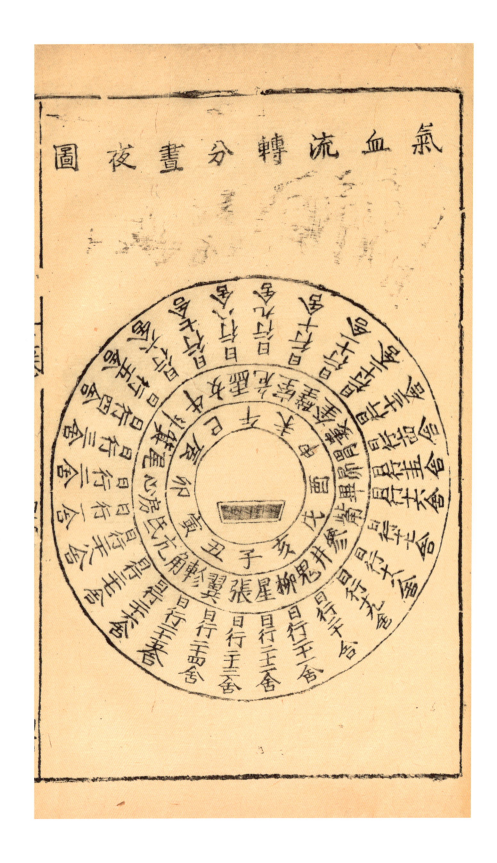

氣血流轉分晝夜圖

石山醫案三卷附錄一卷

（明）汪機撰　明嘉靖十年（1531）新安陳桷刻本　一冊

匡高 19 厘米，廣 12.4 厘米。半葉十一行，行二十二字。白口，四周單邊。江蘇省珍貴古籍名録號 0575。

格致餘論

飲食色欲箴序　　金華朱彥修撰

傳曰飲食男女人之大欲存焉予每思之男女之
欲所關甚大飲食之欲於身尤切世之淪胥陷溺
於其中者蓋不少矣苟志於道必先於此究心焉
因作飲食色欲二箴以示弟姪并告諸同志云

飲食箴

人身之貴父母遺體為口傷身滔滔皆是人有此身
飢渴游興迺作飲食以養其生睠彼味者因縱口味
五味之過疾病蜂起蒲之生也其機甚微饞涎所牽

格致餘論不分卷

（元）朱震亨撰　明嘉靖八年（1529）遼藩朱寵瀯梅南書屋刻東垣十書本　一冊

匡高 18.5 厘米，廣 13 厘米。半葉十一行，行二十字。白口，左右雙邊，單白魚尾。版心下方有
"梅南書屋"。江蘇省珍貴古籍名録號 0591。

生甘草木通因傾於煎煮數貼而止其後此子二歲

瘡瘊遍身忽一日其瘡頓愈數日遂成痰瘧子曰此

胎毒也瘡若再作病必自安已而果然若於孕時確

守前方何病之有又陳氏女八歲時得癇病遇陰雨

則作遇驚亦作口出涎沫聲如羊鳴子視之曰此胎

受驚也其病亦可安仍須淡味以

佐藥功與燒丹元繼以四物湯入黃連隨時令加减

半年而安。

夏月伏陰在內論

天地以一元之氣化生萬物根於中者曰神機根於

外者曰氣血萬物同此一氣人靈於物形與天地參

刻醫無閒子醫貫卷之一

逸士　養葵　趙獻可　纂著

太史　青雷　薛三才　訂正

郡博　贊皇　李梴　詳閱

書林　賓宇　張起鵬　劂剛

玄元膚論

內經十二官論

心者君主之官也神明出焉肺者相傳之官治
節出焉肝者將軍之官謀慮出焉膽者中正之

醫貫六卷

（明）趙獻可撰　明張起鵬刻本　二册

匡高 21.3 厘米，廣 13.4 厘米。半葉九行，行十八字。白口，四周單邊，單黑魚尾。江蘇省珍貴古籍名録號 01879。

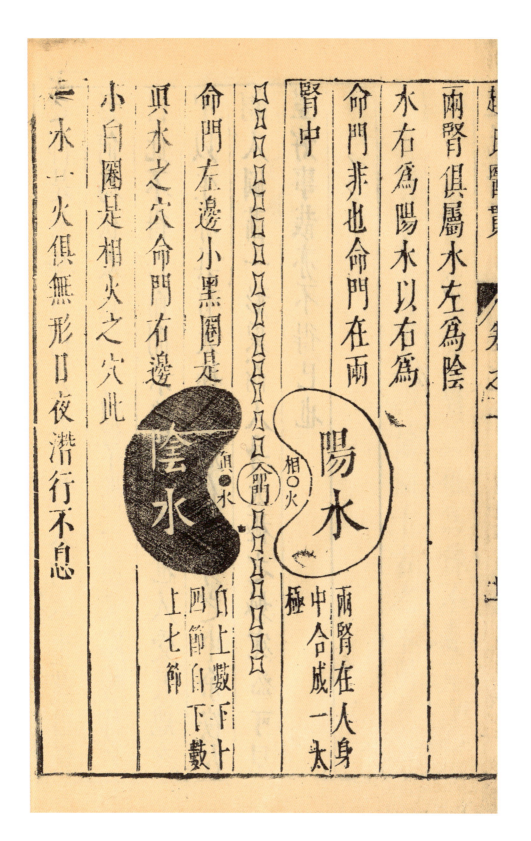

兩腎俱屬水左爲

水右爲陽水以右爲

命門非也命門在兩

腎中

命門左邊小黑圈是

真水之穴命門右邊

小白圈是相火之穴此

一水一火俱無形日夜潛行不息

陰水　真水　命　相火　陽水　極

兩腎在人身中合成一太

白上數下十
回節自下數
上七節

醫學統宗八卷

（明）何東編　明刻本　二册

匡高 19.4 厘米，廣 13 厘米。半葉十行，行二十二字。白口，左右雙邊，單黑魚尾。存三卷。江蘇省珍貴古籍名録號 02511。

醫學統宗附滑氏伯仁卮言

海陵　陽　子校正

卮言曰出和以天倪蒙莊氏之言也蒙莊氏幾於道是以

然也東海有撄寧生者性嗜醫晚益成癖讀醫書偶有適

意輒書之積若干條次第之目之曰撄寧生卮言或者曰

子之卮言殆和以天倪乎生曰不知也撄寧生滑壽伯仁識

不知也不知而書之何也曰將以待夫知者而正之也或

者退遂脫稿

洪武戊午燈夕後一日撄寧生滑壽伯仁識

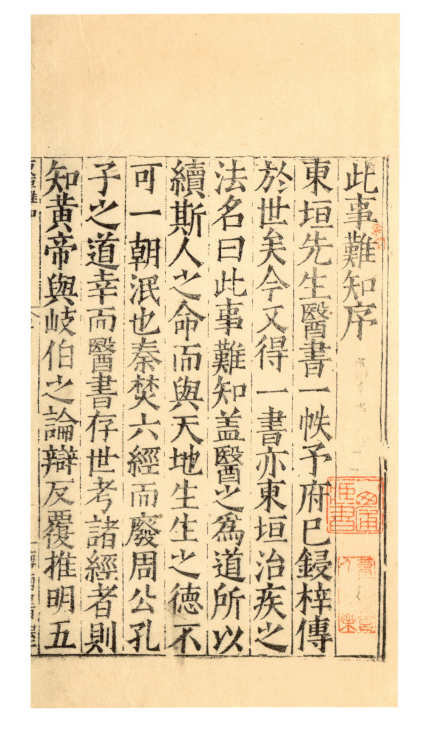

此事難知二卷

（元）王好古撰　明嘉靖八年（1529）遼藩朱寵㴻梅南書屋刻東垣十書本　二册

匡高 18.3 厘米，廣 12.8 厘米。半葉十一行，行二十字。白口，左右雙邊，單白魚尾。版心下方有"梅南書屋"。有"西圃藏書""繩峯"等印。江蘇省珍貴古籍名録號 0590。

東垣先生此事難知集目錄

卷上

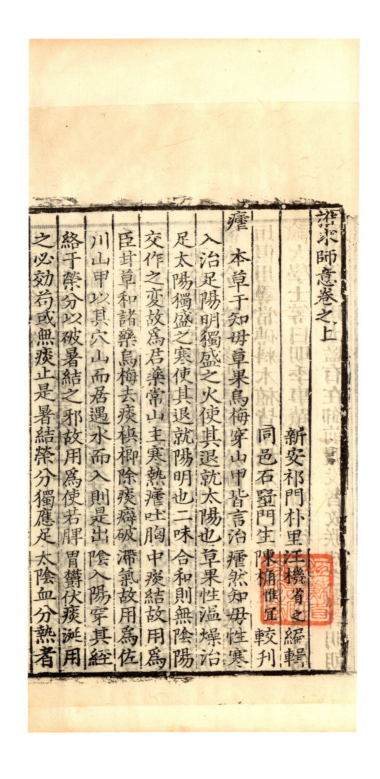

推求師意二卷

（明）戴思恭撰 （明）汪機編輯 明嘉靖十三年（1534）新安陳桷刻本 二册

匡高 19 厘米，廣 13.7 厘米。半葉十一行，行二十二字。白口，四周單邊。江蘇省珍貴古籍名録號 0574。

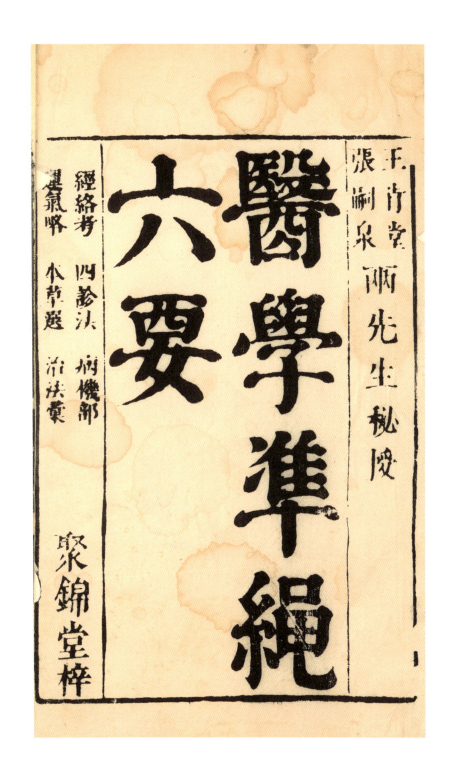

醫學準繩六要十九卷

（明）張三錫纂　明聚錦堂刻本　八十二册

　　匡高 20.3 厘米，廣 13.3 厘米。半葉九行，行十八字。白口，四周單邊，單黑魚尾。江蘇省珍貴古籍名録號 02516。

一、經脉

黃帝曰經脉者。所以能決死生處百病調虛實。不可不通。故曰穀入于胃脉道以通血氣乃行。

肺手太陰之脉起于中焦下絡大腸還循胃口。上膈屬肺係橫出腋下。下循臑內行少陰心主之前下肘中。循臂內上骨下廉入寸口。上魚循魚際。出大指之端其支者從腕後直出次指內廉出其端。○是動則病肺脹

經絡部 卷一 一

局方發揮

金華　朱彥脩　撰

新安　吳中珩　校

和劑局方之爲書也可以據證檢方節方用藥不必求醫不必俻

制桑癉見成丸散病痛便可安痊仁民之意可謂至矣自宋迄今

官府守之以爲法醫門傳之以爲業病者恃之以立命世人習之

以成俗然子竊有疑焉何者古人以神聖工巧言醫又曰醫者意

也以其傳授雖有的造詣雖深臨機應變如對敵之將操舟之工自

非盡君子隨時反中之妙寧無愧於醫乎今乃集前人已效之方

應今人無恨之病何異刻舟求劍按圖索驥冀其偶然中難矣

或曰仲景治傷寒著三百一十三方治雜病著金匱要略曰二

東垣十書十九卷

（元）李杲等撰　明刻清萃華堂印本　十六册

匡高 19.2 厘米，廣 13.8 厘米。半葉十一行，行二十五字。白口，四周單邊，單黑魚尾。江蘇省
珍貴古籍名録號 0572。

金壇王宇泰先生訂正　萃英堂藏板

東垣十書

脉訣

局方發揮　脾胃論　格致餘論

蘭室秘藏　辯惑論　此事難知　湯液本草

游涎集

外科精義　附醫壘元戎　癰論萃英

圖註八十一難經辨真卷之一

盧國　秦越人　述

四明　張世賢　註

一難

一難曰十二經中皆有動脈獨取寸口以決五藏六府死生吉凶之法何謂也然寸口者脈之大會手太陰之脈動也。

經者直路也十二經者手足三陰三陽也手足三陽手走頭而頭走足手足三陰足走胸而胸走手經乃脈所由之直路也法者診法也脈者資始于腎間動氣資生于胃中穀氣貫串于十二經中皆

經者直路也十二經者手足

圖註難經脉訣八卷

（明）張世賢圖註　明晚期刻本　四冊

　　匡高 21 厘米，廣 13 厘米。半葉九行，行二十字。白口，四周單邊，單黑魚尾。本書包括圖註八十一難經辨真四卷、圖註脈訣辨真四卷。江蘇省珍貴古籍名録號 02524。

十難一脈十變之圖

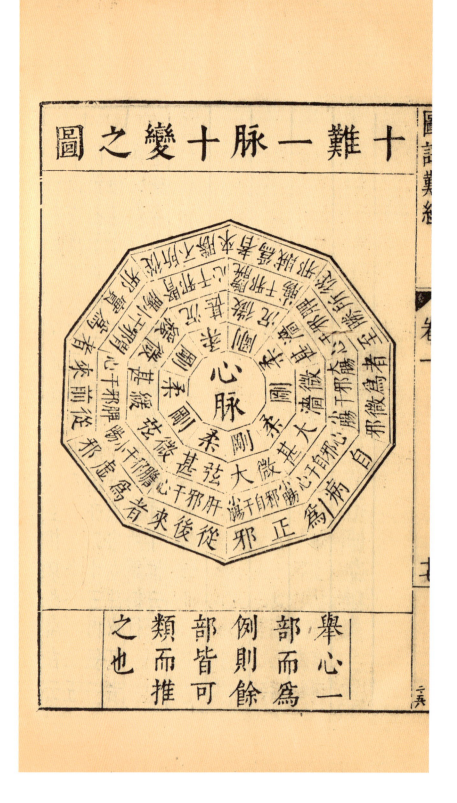

舉心一部而爲例則餘部皆可類而推之也

下編

運氣一

三原　陳堯道　素中著

陽信　勞鳳翔　虞廷

傷寒一證與小兒痘疹其治法之清瀉溫補

為之而人不得參私意於其間也內經曰不知

所加氣之盛衰不可以為工也戴人曰不明

氣檢編方書何瘀此一家道理深奧固非淺學得

重廣補註黃帝內經素問卷第一

新校正云按王氏不解所以名素問之義及素問之名起於何代按隋書經籍志始有素問之名甲乙經序晉皇甫謐之文已云素問論病精辨王叔和西晉人撰脈經云出素問鍼經漢張仲景撰用素問之名著於隋志上見於漢代也自仲景已前無文可見莫得而知據今出所存之書則素問之名起漢世也所以名素問之義全元起有說云素者本也問者黃帝問岐伯也方陳性情之源五行之本故曰素問元起雖有此解義未甚明按乾鑿度云夫有形者生於無形故有太易有太初有太始有太素太易者未見氣也太初者氣之始也太始者形之始也太素者質之始也氣形質具而痾瘵由是萌生故黃帝問此太素質之始也素問之名義或由此

啟玄子次註林億孫奇高保衡等奉敕校正孫兆重改誤

上古天真論

生氣通天論

四氣調神大論

金匱真言論

上古天真論篇第一

新校正云按全元起注本在第九卷王氏重次篇第移冠篇首今注逐篇必具全元起本之卷

重廣補註黃帝內經素問二十四卷附素問遺篇一卷

（唐）王冰註　明萬曆吳勉學刻本　三冊

匡高 21.8 厘米，廣 14.8 厘米。半葉十行，大字行二十字，小字雙行三十字。白口，四周單邊，單黑魚尾。

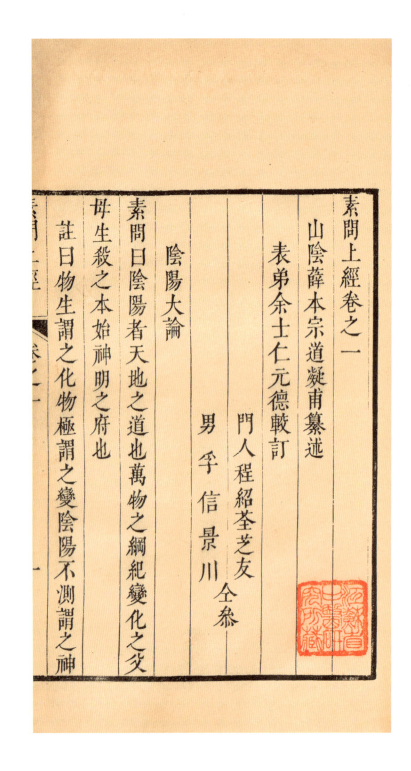

素問九卷附纂述素問說意一卷

（清）薛本宗纂述　清康熙五十五年（1716）刻本　六冊

匡高 19 厘米，廣 13.7 厘米。半葉九行，行二十字。白口，左右雙邊，單黑魚尾。有"小書樓孫古徐藏書印"印。

二節故得 天有陰陽人有夫妻歲有三百六

十五日人有三百六十五節地有高山人有

肩膝地有谿谷人有䐃䐃腘脚也 地有十

二經水人有十二經脈地有雲氣人有衛氣

地有草蓲也又死草也 星人有齒列地有

小山人有小節地有山石高骨地有林木有

黃帝内經太素三十卷

（唐）楊上善撰注　日本天保九至十年（1838—1839）阪立節春璋鈔本　二十四冊

　　書高 27.1 厘米，廣 18.6 厘米。半葉六行，行約十八字。有"和笙"等印。

黄帝內經明堂序

本以朱書之

或
坐式
勅于り
臣聞星漢照

水

以分其淵奧亞盧

又胡浪文又胡謗反續永
本人未云之
澳又作澄洛又奧音布洼
本以朱書之

化通乾坤之氣家人之秀氣得人

錐四體百節必有收繫而五蔵六府咸

存厥司在於廿二亞永之綱領是殖

黃帝八十一難字辨　作者論○析襄經脈別論五藏別論真藏論靈柩經脈篇動輸篇卄七營衛生會篇起是問答

黃帝八十一難經疏證卷上

東都　丹波元胤紹翁　學

一難曰。十二經皆有動脈。獨取寸口。以決五藏六府死生吉凶
之法何謂也。

呂是手足經十二脈也。楊凡人兩手足各有三陰脈三陽脈。
合十二經脈。凡脈皆雙行。故有六陰六陽也。自難曰至此是
越人引經設問從然字以下是解釋其義餘悉如此例可知
也滑謂之經者以榮衛之流行經常不息者而言謂之脈者。
以血理分衺行體者而言也謂凡十二經皆有動脈今置不
取乃獨取寸口以決死生吉凶者何耶

難經疏證卷之上

青雲堂藏板

難經疏證二卷

（日本）丹波元胤撰　日本文政二年（1819）青雲堂刻本　二冊

匡高18.5厘米，廣13.3厘米。半葉十行，行二十四字。白口，四周單邊，單黑魚尾。有"赤松所藏"等印。

難經經釋卷上

盧國秦越人扁鵲著

吳江後學徐大椿靈胎釋

一難曰十二經中皆有動脈　十二經手足三陰三陽也動脈脈之動現於外如手太陰天府雲門之類按之其動亦應手是也獨取寸口以決五藏六府死生吉凶之法何謂也

寸口即太淵經渠穴之分兩手上中下三部脈也

按首發一難即與靈素兩經不合素問三部九候論明以頭面諸動脈為上三部以兩手之動脈為中三部以股足之動脈為下三部而結喉旁之人迎脈往往與寸口並重兩經言之不一獨取寸口者越人之學也自是而後診法精而不備矣又按十二經之動脈明堂針灸圖甲乙經諸書所稱動脈者二十餘穴然與寸口之動微別惟靈樞動輸篇帝問經脈十二而手太陰足少陰陽明何以獨動不休下文峽伯之意蓋指太陰之經渠少陰之太溪陽明之人迎言則可稱動脈者惟此三穴故亦用以診候其餘不過因其微動以驗穴之真偽俱不得稱動脈也

難經經釋二卷

（清）徐大椿釋　清雍正五年（1727）刻半松齋印徐氏醫書六種本　二册

匡高 17.5 厘米，廣 12.1 厘米。半葉九行，大字行二十二字，小字行三十字。白口，左右雙邊，單黑魚尾。

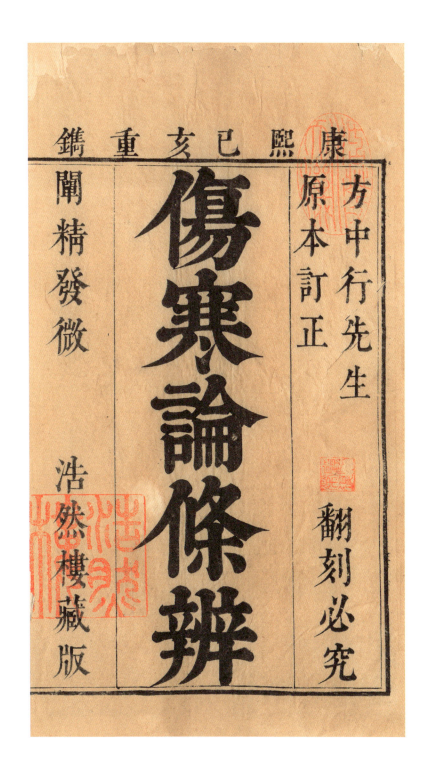

傷寒論條辨八卷

（明）方有執撰　清康熙五十八年（1719）浩然樓刻本　四冊

匡高 20.8 厘米，廣 14.1 厘米。半葉十行，行二十字，小字雙行同。白口，左右雙邊，單黑魚尾。有"顧榮復"等印。

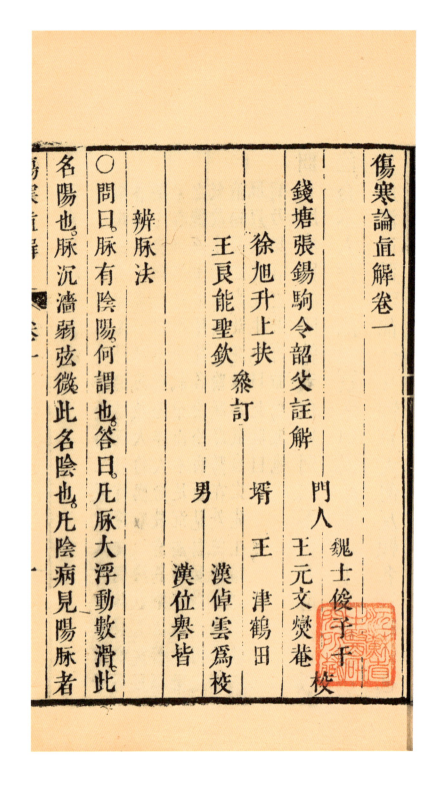

傷寒論直解六卷傷寒附餘一卷

（清）張錫駒註解　清康熙五十一年（1712）張錫駒刻本　四册

匡高 19.5 厘米，廣 13.2 厘米。半葉九行，行二十字。白口，左右雙邊，單黑魚尾。

傷寒兼證析義

中風兼傷寒論

長洲張倬飛疇著　門人　王朝門禹九　蘇繼瞻尊其　校

晨窗雪霽光射四壁張子被褐方起誦雪嶠熟煮春
風劈爛柴之句客有量屐過我而進苦雪篇者中有
寒餒相繼倒一語憮然久之因呼從事爐頭相與平
章風雅怀舉內論及醫道之難而傷寒為最難傷寒
而挾雜病者尤難是以百古絕無兼該之例後世不

傷寒兼證析義　中風

傷寒兼證析義一卷

（清）張倬撰　清康熙二十八年（1689）刻本　一冊

匡高 20.4 厘米，廣 12.7 厘米。半葉九行，行二十字。白口，四周單邊。

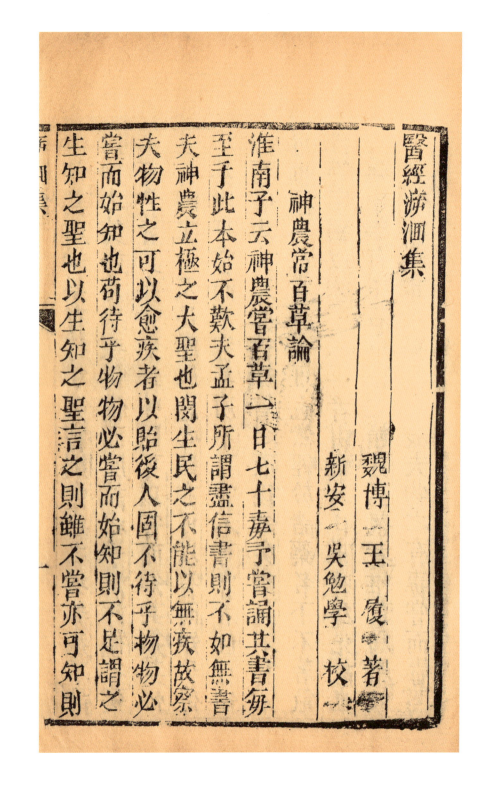

醫經溯洄集

神農嘗百草論

新安　吳勉學　校

魏博　王履　著

神農嘗百草論

淮南子云神農嘗百草一日而七十毒予嘗誦其書每

至于此未始不歎夫孟子所謂盡信書則不如無書

夫神農立極之大聖也閔生民之不能以無疾故察

夫物性之可以愈疾者以貽後人固不待乎物物必

嘗而始知也苟待乎物物必嘗而始知則不足謂之

生知之聖也以生知之聖言之則雖不嘗亦可知則

醫經溯洄集一卷

（元）王履撰　明新安吳勉學刻本　一冊

匡高 19.1 厘米，廣 13.1 厘米。半葉十行，行二十字。白口，左右雙邊，單黑魚尾。

金匱玉函傷寒經

海陽程知扶生氏編評　　　近思
　　　　　　　　男　逢年　校
同里黄允亮硯亭氏重訂　男鶴年　校閱
　　　　　　　　姪嘉年
雲間受業門人胡梁民望氏　　　參訂

辨脈法第一

辨脈者辨脈之陰陽死生也平脈者平脈之太過不
及使歸於藏氣時氣之和平也辨脈雖間及雜病而

傷寒經註十三卷首一卷

（清）程知編　清康熙三十八年（1698）刻乾隆三十一年（1766）勤慎堂印本　四册

　　匡高19.6厘米，廣12.6厘米。半葉十行，行二十一字。白口，四周雙邊，單黑魚尾。有"方景瑜印""懷玉"等印。

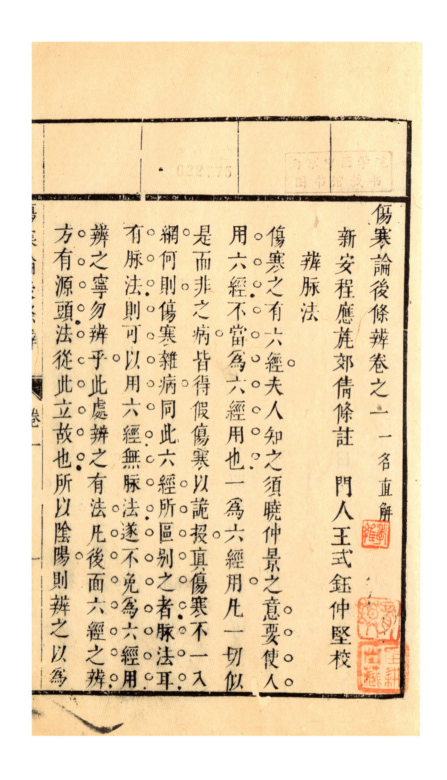

辨之寧勿辨乎此處辨之有法凡後面六經之辨
方有源頭法從此立故也所以陰陽則辨之以為
辨之有源頭法從此立故也所以陰陽則辨之以為
有脈法則可以用六經無脈法遂不免為六經之用
綱何則傷寒雜病同此六經所區別之者脈法耳
是而非之病皆得假傷寒以詭捉真傷寒不一入
用六經不當為六經用也一為六經用凡一切似
傷寒之有六經夫人知之須曉仲景之意要使人

辨脈法

新安程應旄郊倩條註　門人王式鈺仲堅校

傷寒論後條辨卷之一　一名直解

傷寒論後條辨十五卷

（清）程應旄撰　清乾隆九年（1744）文明閣刻本　六冊

匡高 21.5 厘米，廣 13.8 厘米。半葉十行，行二十字。白口，四周單邊，單黑魚尾。有"李維""龍
謨""留耕堂藏"等印。

吳氏醫學述第五種

南陽張　機仲景著
西昌喻　昌嘉言註
武原吳儀洛遵程訂
賈湖周學江襟三
海昌周廣業廛補　參

傷寒分經
太陽經上篇

太陽膀胱經之病主五十三條。凡風傷衛之證列於此篇，法

風傷衛，衛之表也，而表有營衛之不同，病有風寒之各傷。風寒則傷營，營寒兼受則營衛兩傷。傷衛則用桂枝湯，傷營則用麻黃湯，營衛兩傷則用大青龍湯，鼎足三大綱，分治三證。三者之病，各分疆界。仲景立桂枝湯、麻黃湯、大青龍湯，用之得當，風寒立時解散。

傷寒分經十卷

（清）吳儀洛訂　清乾隆三十一年（1766）利濟堂刻本　九冊

匡高 18.8 厘米，廣 13.4 厘米。半葉九行，大字行十八字，小字雙行同。白口，左右雙邊，單黑魚尾。有"鄒福偉章""松如""郭溪葛""寵辱不驚，肝木自寧；動靜以敬，心火自定；飲食有範，脾土不泄；調息寡言，肺金自全；恬然無欲，腎水自足。嘉慶己卯郭谿葛繼堂鑴"等印。

乾隆丙戌季新鐫

傷寒分經

澉水吳遵程訂

先祖松如公遺書

孫鄒祖烜謹校

祖橫謹較

硤川利濟堂藏板

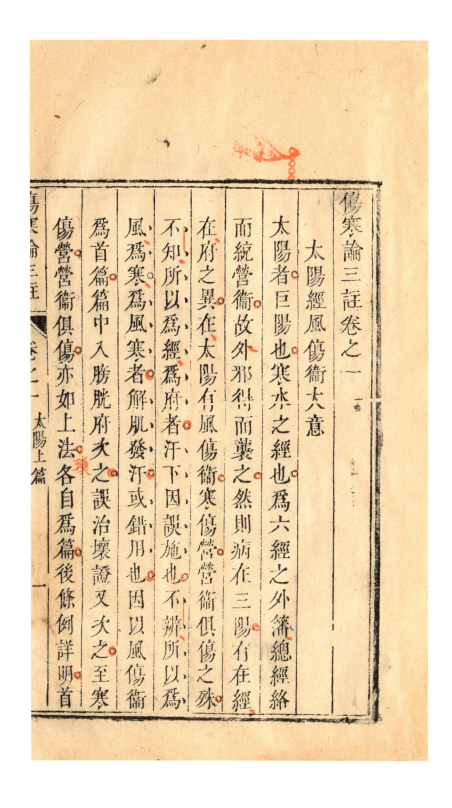

傷寒論三註十八卷

（清）周揚俊輯註　清乾隆八年（1743）世德堂刻本　四册

匡高 18.7 厘米，廣 11.7 厘米。半葉九行，行二十一字。白口，四周雙邊，單黑魚尾。

傷寒標本心法類萃卷上

河間劉守眞編集

新安吳勉學校正

傷風

傷風之証頭疼項强肢節煩疼或目痛肌熱乾嘔鼻
寒手足溫自汗出惡風其脉陽浮而緩陰浮而弱此
爲邪在表巳上傷風之証皆宜桂枝湯第二次以解
肌傷寒汗出怕風而加項强痛者桂枝葛根湯第三
傷風及無汗者雖巳服桂枝湯反煩不解而無裏証
者先刺風池風府却與桂枝葛根湯服之不若通用

傷寒標本

卷上

傷寒標本心法類萃二卷

（元）劉完素撰　明萬曆二十九年（1601）吳勉學刻本　二冊

匡高 19.6 厘米，廣 13.1 厘米。半葉十行，行二十字。白口，四周雙邊，單黑魚尾。

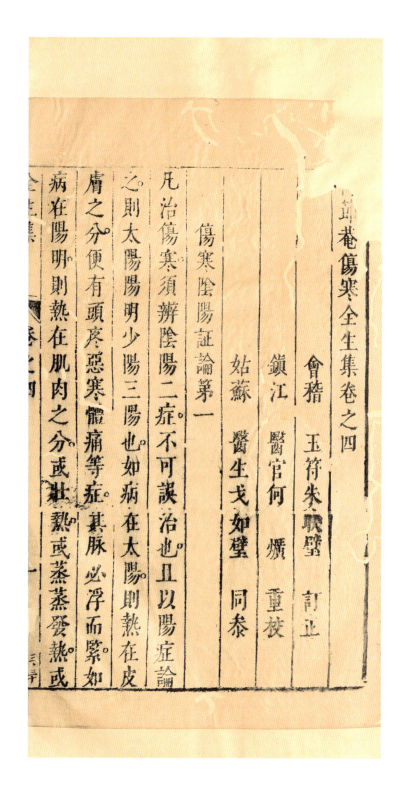

蔣巷傷寒全生集卷之四

會稽 玉符朱聯璧 訂正

鎮江 醫官何 爛 重校

姑蘇 醫生戈如璧 同泰

傷寒陰陽証論第一

凡治傷寒須辨陰陽二症不可誤治也且以陽症論之則太陽陽明少陽三陽也如病在太陽則熱在皮膚之分便有頭疼惡寒體痛等症其脈必浮而緊如病在陽明則熱在肌肉之分或壯熱或蒸蒸發熱或

全生集 卷之四 二十

傷寒全生集四卷

（明）陶華撰 明刻本 八册

匡高 21.3 厘米，廣 13.6 厘米。半葉九行，行二十字。白口，四周單邊，單黑魚尾。

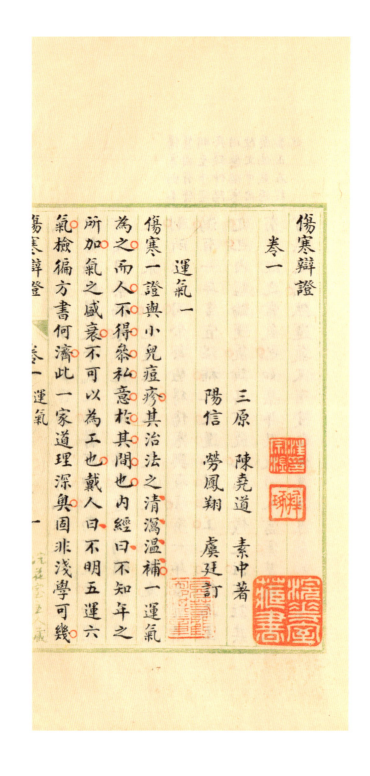

傷寒辯證四卷

（清）陳堯道撰　清浣花室主人精鈔本　四冊

匡高18厘米，廣11.2厘米。半葉九行，行二十字。白口，四周雙邊，單黑魚尾。有"汪宗淦印""㮚琢""浣花室藏書"等印。

傷寒辯證凡例

○一傷寒與溫病熱病病證懸殊治法大是不同投劑一差死生立判出屬大病生死坐在數日間者盡是溫熱病而發於冬月之正傷寒者百無一二

祖長沙以發明傷寒者何嘗汗牛克棟俱將傷寒與溫熱病混同立論以致治法清亂范無分別惟王安道直窮奧妙著有溫病熱病說與傷寒立法考令溫熱病與傷寒較若列眉宵行冥途忽遇燈炬何幸如之惜哉欲類編其書而未暇劉河間製

傷寒辯證　凡例　一

安道辯傷寒與溫熱病異治特自是惜其病不出以惜其病為溫熱河間以大病病為大汗以病證寒病溫雜為病為雜以闢真為雜以惜其不以見地之開天

傷寒大白卷之一

雲間秦景明從孫之楨皇士甫纂著

新安陳懋寬敬敷梓

　姪　　昕鳳儀甫

　男　　堂周明甫

咸寶楚良

棠蔭南　　及門闕陳知臨川甫

楊鼎爾祖讓侯

蔣思永子培甫仝較

同人何爕繹宗

衛德如乾九甫

龔廷澤少區同泰　陳仁弘九甫恭訂

一、惡寒

　　　　〈惡寒症〉

秦子曰：惡寒惡風，以一症而分輕重。惡風者見風則

傷寒大白卷一

其順堂

傷寒大白四卷

（清）秦之楨撰　　清康熙五十三年（1714）新安陳懋寬其順堂刻本　　八册

匡高 19.3 厘米，廣 13.3 厘米。半葉十行，行二十字。白口，左右雙邊，單黑魚尾。

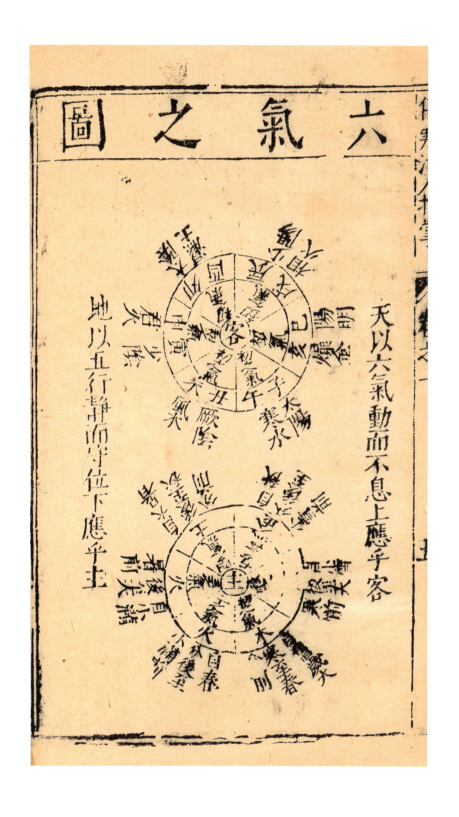

傷寒圖歌活人指掌五卷

（元）吳恕撰　明末致和堂刻本　六册

匡高 21.2 厘米，廣 13.6 厘米。半葉十行，行二十二字，小字雙行同。白口，四周單邊，單黑魚尾。

校刻傷寒圖歌活人指掌卷之二

傷寒問荅四十六證歌

咳嗽一

往來寒熱胷中滿此證誠知嗽在陽

陽三

陰證嗽時顏下利

四肢沉重更清涼

陰少

論曰肺爲五藏華蓋專主于氣清濁飲分則無嗽清氣

不分濁氣上干加以怵水停飲則爲嗽矣或用杏子阿

膠者葢欲分清也若太陽少陽之邪入于肺氣則當發

散而愈若陰證停寒法當溫之

太陽發汗而咳

小青龍湯三十八

發熱嘔噦而咳

小柴胡表未

四十三

傷寒論金匱要略釋義自序

語云醫者易也故病之有綱易之卦
也綱中有目易之爻也其證於脉色
形狀者象之可觀也其審於標本從
逆者占之可玩也而病之消長進退
生尫之機遠之取於天地運會近之

金匱要略方論本義二十二卷

（清）魏荔彤釋義　清康熙六十年（1721）刻兼濟堂印本　四册

　　匡高 17.6 厘米，廣 13.4 厘米。半葉九行，行二十一字，小字雙行同。白口，左右雙邊，單黑魚尾。有"西圃藏書"印。

本草綱目序例第一卷上

蘄陽李時珍東璧父編輯

序例上

歷代諸家本草

神農本草經（掌禹錫曰）舊説本草經三卷神農所作而不經見漢書藝文志亦無錄焉漢平帝紀云元始五年舉天下通知方術本草者所在招傳遣詣京師樓護傳稱護少誦醫經本草方術數十萬言本草之名蓋見於此唐李勣等以本草經三卷神農所述似出後漢嘗味百草滋味一日而七十毒由是醫方興焉其本草之名似張機華佗始因古學附以新説

郡縣有採薬以爲歲貢者不然也淮南子云神農嘗百草一日而七十毒由是醫方興焉蓋上世未著文字師學相傳謂之本草兩漢以來名醫益衆張華輩始因古學附以新説

本草綱目序例上

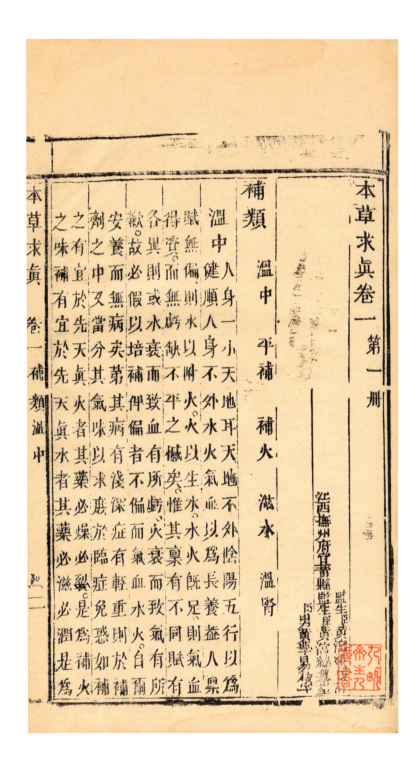

本草求真十二卷

（清）黃宮綉撰　清乾隆四十三年（1778）綠圃齋刻本　十四册

匡高 19 厘米，廣 12.8 厘米。半葉九行，行二十字，小字雙行同。白口，四周雙邊。有"九畹齋主人藏書"印。

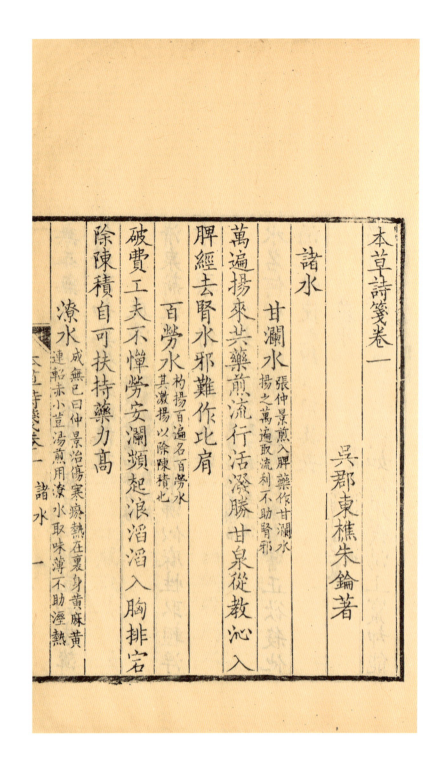

本草詩箋十卷

（清）朱鑰著　清乾隆二十一年（1756）刻本　四册

匡高 15.9 厘米，廣 12.5 厘米。半葉十行，大字行十八字，小字雙行二十六字。白口，左右雙邊，單黑魚尾。

備急千金要方三十卷

（唐）孫思邈撰　清康熙三十年（1691）金州喻成龍刻本　十六冊

匡高 21.4 厘米，廣 14.6 厘米。半葉十行，行二十四字。白口，四周雙邊，單黑魚尾。有"紹瑗手校""曾藏毗陵胡氏豹隱廬"印。

孫真人備急千金要方目錄上

卷之一

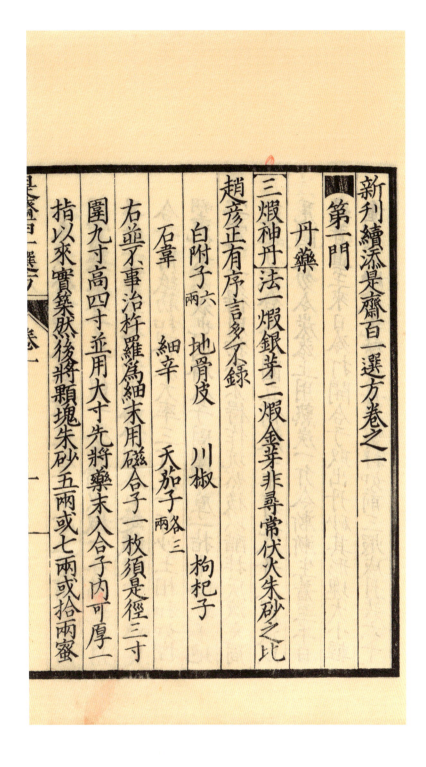

是齋百一選方二十卷

（宋）王璆撰　日本寬政十一年（1799）濯纓堂影元刻本　五冊

　　匡高 19.5 厘米，廣 14 厘米。半葉十行，行二十二字。白口，四周單邊，單黑魚尾。有"静儉堂藏書"印。

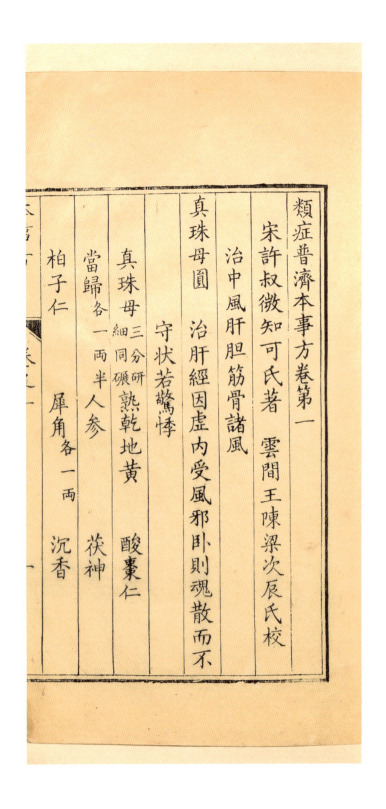

類症普濟本事方卷第一

宋許叔微知可氏著　雲間王陳梁次辰氏校

治中風肝胆筋骨諸風

真珠母圓　治肝經因虛內受風邪卧則魂散而不

守狀若驚悸

真珠母三分研細同碾　熟乾地黃　酸棗仁

當歸各一兩半人參　茯神

柏子仁　犀角各一兩　沉香

類症普濟本事方十卷

（宋）許叔微撰　清乾隆四十二年（1777）雲間王陳梁刻本　四册

匡高 19.4 厘米，廣 12.1 厘米。半葉八行，行二十字，小字雙行同。白口，四周雙邊，單黑魚尾。

雞峯普濟方卷第一

　　馮翊賈兼重校定

諸論

　　諸風

劉子儀曰經有急風候又有卒中風候又有風癉候夫急
風與卒中理固無二指風而言則謂之急風指病而言則
謂之卒中其風癉蓋出於急風之候也何者經去奄然忽
不知人咽中塞窒然舌強不能言如此則是中急風而生
其候也發汗身軟者生汗不出身直者死若痰涎壅盛者
當吐之視其鼻人中左右上白者可治一黑一赤吐沫者
死

　　　風痺

雞峯普濟方三十卷

（宋）張銳撰　清道光八年（1828）長洲汪士鐘藝芸書舍覆宋刻本　二十四冊

匡高 19 厘米，廣 12.9 厘米。半葉十一行，行二十二字。白口，左右雙邊，單黑魚尾。

嚴氏濟生方卷之一

入謝瓢

中風論治

論曰醫經云夫風者百病之長也由是觀之中風在
傷寒之上爲病急卒岐伯所謂大法有四一曰偏枯
二曰風痱三曰風懿四曰風痹言其最重者也外有
五臟諸風皆載之於千金矣兹不復敘大抵人之有
生以元氣爲根榮衞爲本根氣彊壯榮衞和平膝理
緻密外邪客氣焉能爲害或因喜怒或因憂思或因
驚恐或飲食不節或勞役過傷遂致眞氣先虛榮衞
失度膝理空踈邪氣乘虛而入及其感也爲半身不

嚴氏濟生方十卷

（宋）嚴用和撰　日本享保十九年（1734）浪華書鋪崇高堂刻本　五冊

匡高18厘米，廣13.2厘米。半葉十行，行二十字。白口，四周單邊，單黑魚尾。有"八千卷樓收藏書籍""嵩高堂記"等印。

風門
明風篇

生生子曰風春之令氣也木之所司肝為之主素
問六化篇云木之化風主於春春之為言蠢也
陽氣蠢動故風所以鼓舞萬物為天號令岐伯
曰東方生風風生木其臟為肝其志為怒故怒
傷肝風傷肝肝為足厥陰之經以六氣言之自
十二月大寒節起至二月春分節止是初之氣
厥陰風木用事人有感其令氣者為傷風其有

赤水玄珠三十卷

（明）孫一奎撰　明刻清印本　二十六冊

匡高19厘米，廣12.6厘米。半葉九行，行十九字。白口，四周單邊，單白魚尾。有"紹瑗手校""曾藏毗陵胡氏豹隱廬""唐蜀華"等印。

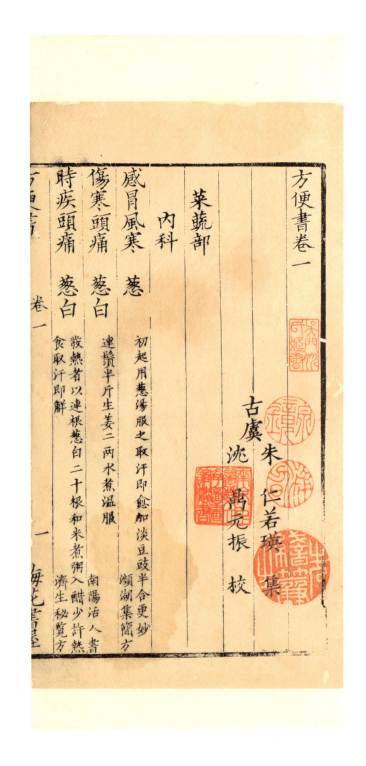

方便書十卷補遺一卷

（清）朱鴻雪撰　清康熙十四年（1675）梅花書屋刻本　二冊

匡高 20.7 厘米，廣 11.6 厘米。半葉八行，白口，四周單邊。朱氏集古醫籍中"極平常藥料，極簡便良方"編成是書。有"吳門姚氏藏書""泉鏡""净明""織簾先生"等印。

方便書

病症	主藥	方法	出處
赤白下痢	葱白	一握細切和米煮粥日乂食之	食醫心鏡
小便閉脹	葱白	不治殺人葱白三斤切炒帕盛二个更互熨小腹氣透即通也	許學士本事方
小便不通	葱白	連葉搗爛入蜜合外腎上即通	李仲南永類鈐方
卒然中惡	韭汁	灌鼻中便甦	活人書
夜出盜汗	韭根	四十九根水二升煮一升頓服	千金方
水穀痢疾	韭	作羹粥爆炒任意食之良	食醫心鏡
霍亂轉筋	蒜頭	搗塗足心立愈	永類鈐方
衂血不止	蒜頭	搗貼足心衂止即拭去左鼻血出貼左足心右鼻血出貼右足心俱出俱貼	宗奭方

回生集卷之上

古北　樂天叟陳　杰集

內症門

呂祖鐵拐杖

天門冬去心一斤　熟地炒一斤

白茯苓去皮一斤乳拌

右藥共爲細末煉蜜爲丸彈子大每服三丸

黃酒送下此藥能消除百病能令顏如童子

遠行不飢鬚髮不白身體不倦

回生集二卷

（清）陳杰編　清乾隆五十四年（1789）刻本　一册

匡高 18.9 厘米，廣 12.3 厘米。半葉十行，行二十字。白口，左右雙邊，單黑魚尾。

自序

醫小道也況瘍醫特醫之一端其不能為雕蟲小技實于間有苦心
靈素者其於癰疽又都為不足學不知臟腑發於四肢皮膚由於
氣血內與外未始不相表裡之甲寅仲秋余患左疽延醫調理是
費时日終未見瘥余師心自治幸而覆盆遂於此道精致意為窮以
以人身經絡部位彼序樂性寒熱溫平各異余淺人也何足以語此每見
心高願學与物恐技淺才疏以来卅善人爭之譏謹將平日屢駁之方彙
集一冊或有俟於窮鄉僻壤云

昔

乾隆歲次甲子仲春阮堂書於晚香堂

二

吳氏醫方類編五卷

（清）吳杞著　稿本　五册

匡高 24.4 厘米，廣 14.8 厘米。半葉十行，行二十七字。

總論

竊謂瘍疵不可詳舉治療毋得拘泥群書之言已甚繁矣余披讀之下
認疵驗方辨經絡度位每暑有心會即援筆誌之將以去繁贅而就簡
便也大約膏粱之便足生疔毒血氣之患時生瘡疽寒暑之異恒起癰
發蓋疽五臟所出瘟發于六腑莫不原於心火癰魚二種發非一疵而皆
分乎陰陽寒濕搏而氣血凝陰滯乎陽也火熱盛而氣血沸陽滯乎陰
也苟内無積熱外無感觸血行脈中氣行脉外膏粱不能充其經寒暑
不得攻其絡諸瘍何自而來哉是知皮薄而赤腫火熱而微痛為火盛之徵
皮厚而堅腫微紅而弗疼為寒搏之象瘟屬陽疽屬陰理所易明又有
色雖紅而不燥熱腫雖高而無潰膿乃陽疵而帶陰分腫雖平而猶微

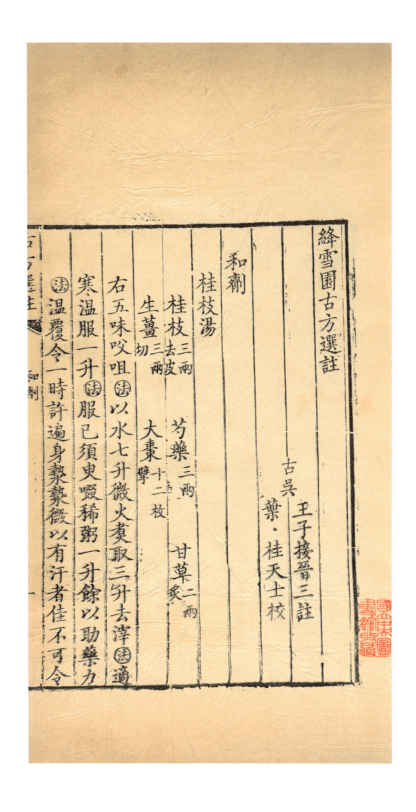

絳雪園古方選註三卷

（清）王子接註　清雍正十年（1732）介景樓刻本　六册

匡高 17.9 厘米，廣 12.6 厘米。半葉十行，行二十二字。白口，左右雙邊，單黑魚尾。

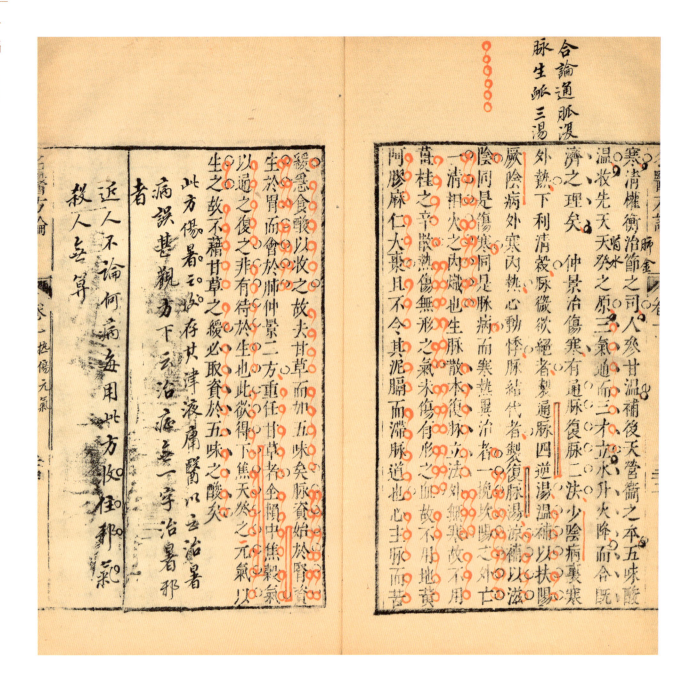

古今名醫方論四卷

（清）羅美撰　清康熙十四年（1675）新安羅美古懷堂刻本　四冊

匡高20.4厘米，廣11.5厘米。半葉九行，行二十二字。白口，左右雙邊，單黑魚尾。

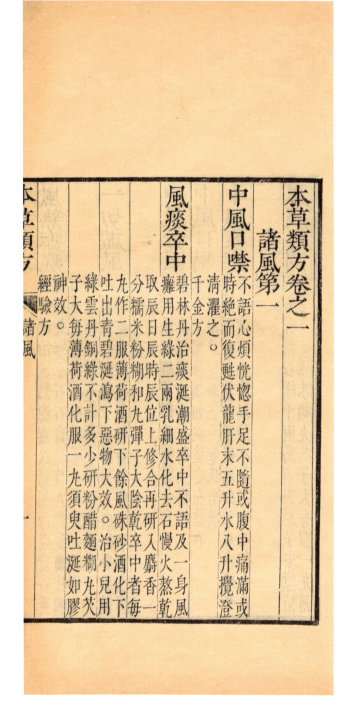

本草類方十卷

（清）年希堯集　清雍正十三年（1735）雲雅堂刻本　十册

匡高 14.6 厘米，廣 9.7 厘米。半葉九行，行二十字，小字雙行同。白口，左右雙邊，單黑魚尾。有"胡天民印"等印。

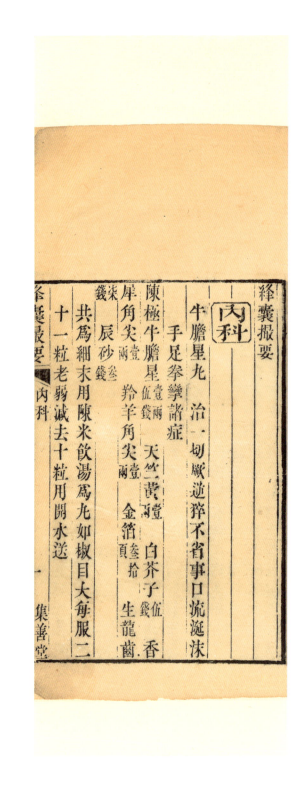

絳囊撮要五卷

（清）雲川道人撰　清乾隆九年（1744）集善堂刻本　二冊

匡高 14.7 厘米，廣 9 厘米。半葉十行，行十九字，小字雙行同。白口，左右雙邊，單黑魚尾。

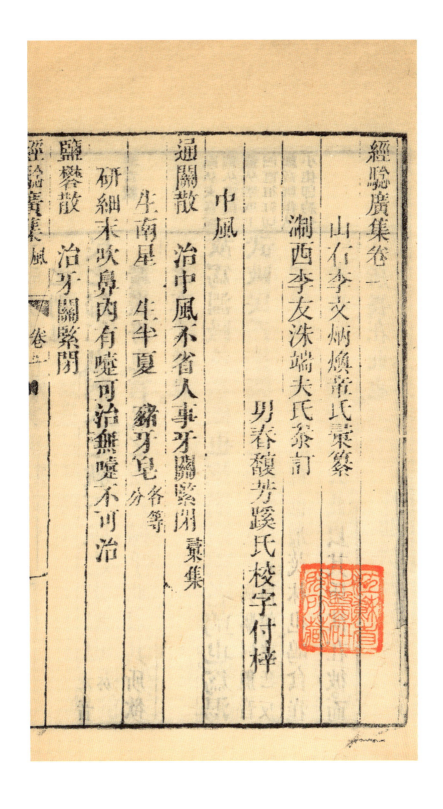

經驗廣集卷一

山石李文炳燦章氏彙纂

澗西李友洙端夫氏泰訂

男春馥芳蹊氏校字付梓

中風

通關散　治中風不省人事牙關緊閉　彙集

生南星　生半夏　豬牙皂　各等分

研細末吹鼻內有嚏可治無嚏不可治

鹽礬散　治牙關緊閉

經驗廣集四卷

（清）李文炳纂　清乾隆四十三年（1778）浙西李春馥椿蔭堂刻本　八冊

匡高 19.4 厘米，廣 12.5 厘米。半葉九行，行二十二字。白口，左右雙邊，單黑魚尾。

養生篇

黃帝問岐伯曰余聞上古之人春秋皆度百歲而動
作不衰今人年未半百而動作皆衰者時勢異耶人
將失之耶岐伯對曰上古之人知道者法於陰陽和
於術數飲食有節起居有常不妄作勞故能形與神
俱而終其天年度百歲乃去今時之人不然以酒為
漿以妄為常醉以入房慾竭其精以耗散其真不知
持滿不時御神務快其心逆於生樂起居無節故半
百而衰也觀此則壽命修短全係精氣神之盈虧精

集驗良方六卷

（清）梁文科集　清乾隆十四年（1749）天都黃曉峰刻本　六冊

匡高 14.2 厘米，廣 9.3 厘米。半葉九行，行二十字。白口，四周單邊，單黑魚尾。

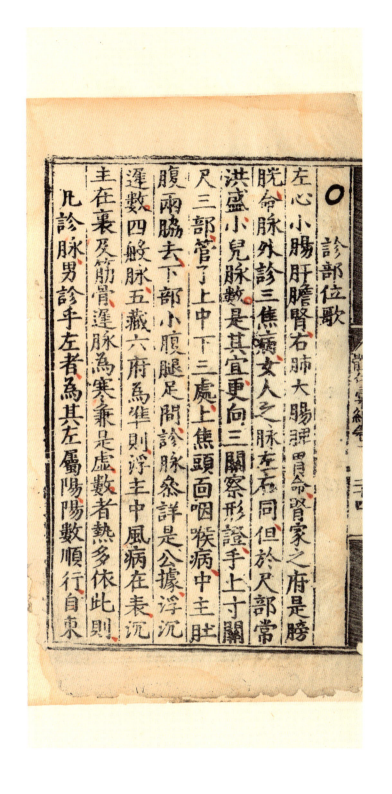

○診部位歌

左心小腸肝膽腎右肺大腸脾胃命腎家之府是膀
胱命脉外診三焦癉女人之脉左右同但於尺部常
洪盛小兒脉數是其宜更向三關察形證手上寸關
尺三部管了上中下三處上焦頭面咽喉中主肚
腹兩脇去下部小腹腿足間診脉叅詳是公據浮沉
遲數四般脉五藏六府為準則浮主中風病在表況
主在裏及筋骨遲脉為寒兼是虛數者熱多依此則
凡診脉男診手左者為其左屬陽陽數順行自東

體仁彙編六卷

（明）彭用光撰　明嘉靖二十九年（1550）應山傅鳳翔體仁堂刻本　三冊

匡高 23.8 厘米，廣 14 厘米。半葉九行，行二十字。大黑口，四周雙邊，單黑魚尾。

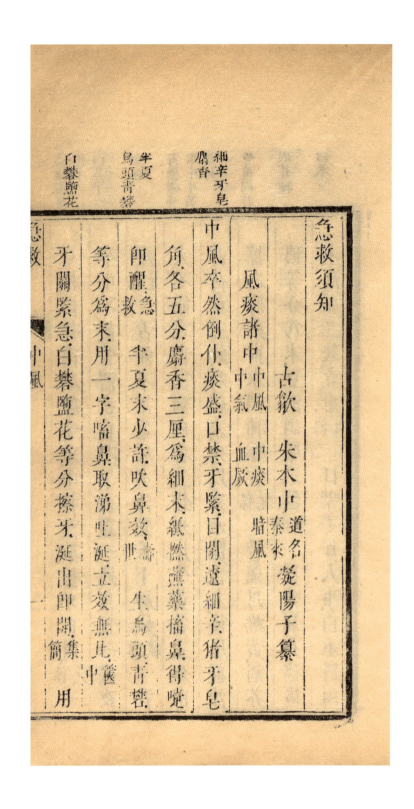

急救須知五卷

（清）朱本中撰　清康熙二十八年（1689）古越吳興祚刻還讀齋重修貽善堂四種須知本　三冊

匡高 17.6 厘米，廣 11.1 厘米。半葉八行，行二十字，小字雙行同。白口，四周雙邊，單黑魚尾。

唐王燾先生外臺秘要方第十四卷

宋朝散大夫守光祿卿直秘閣判登聞簡院上護軍臣林億等　上進

新安後學程衍道敬通父訂梓

中風及諸風方一十四首附灸法

病源中風者風氣中於人也風是四時之氣分布八方主
長養萬物從其鄉來者而人中少死病不從鄉來者人中
多死病其為病也藏於皮膚之間內不得通外不得泄其
人經脈行於五藏者各隨藏腑而生病焉心中風但得偃
臥不得傾側若脣赤流汗者可療急灸心俞百壯若脣或

外臺秘要四十卷

（唐）王燾撰　明崇禎十三年（1640）新安程衍道經餘居刻本　三十二冊

匡高 13.7 厘米，廣 9 厘米。半葉十行，行二十二字，小字雙行同。白口，上下雙邊，單黑魚尾。

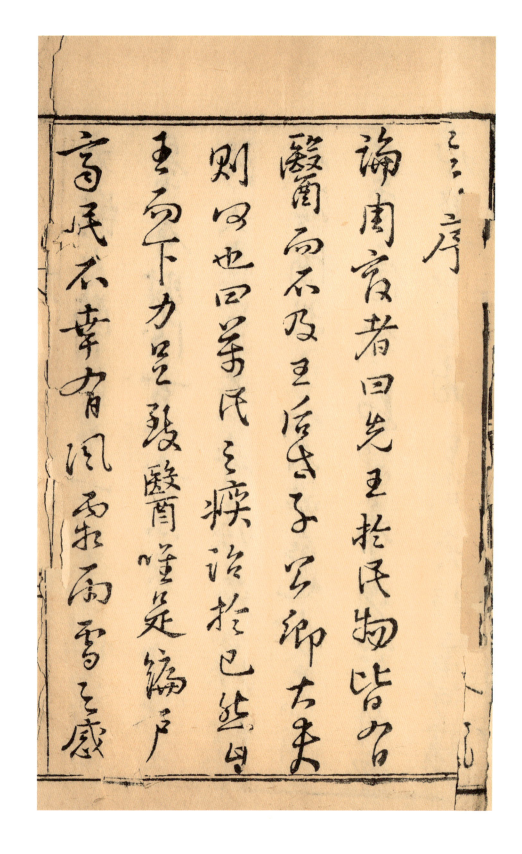

序

論周官者曰先王於民物皆有
醫而不及王侯公子不卿大夫
則曰也曰萬民之疾治於已然曰
王而下力呈發醫曶唯是隔戶
高民不幸育風寒雨雪之感

鍼灸大成　卷一　三

針道源流

素問十二卷世謂黃帝岐伯問答之書及觀其肯意殆
非一時之言而所撰述亦非一人之手劉向指爲諸
韓公子所著程子謂出戰國之末而其大暑正如禮
記之萃於漢儒而與孔子子思之言並傳也蓋靈蘭
秘典五常正大六元正紀等篇無非闡明陰陽五行
生制之理配象合德實切於人身其諸色脈病名針
刺治要皆推是理以廣之流皇甫謐之甲乙楊上善
之太素亦皆本之於此而微有異同醫家之綱法無
越於是書矣然按西漢藝文志有内經十八卷及扁

鍼灸大成十卷

（明）楊繼洲撰　清乾隆刻本　三十一冊

匡高 21.5 厘米，廣 14 厘米。半葉十行，行二十二字。白口，四周單邊，單黑魚尾。

石室秘籙卷之一

山陰陳士鐸遠公甫敬習

義烏金以謀孝芑甫訂定

李祖詠子永甫叅改

天有奇文地有奇事人有奇病不可拘也欲治其病不可以常

藥治之有正醫有反醫有順醫有逆醫有內治有外治有完治

有碎治有大治有小治有生治有死治有上治有下治有中治

之分有先治有後治有急治有緩治有本治有末治之異有一

百二十八法

正醫法　論肺經生癰　論久嗽服氣法　論水瀉　論血痢

論水腫　論兩脇脹滿吞酸吐酸　論腰痛　論怔

怔不

寐

石室秘籙六卷

（清）陳士鐸撰　清雍正八年（1730）廣陵萱永堂刻本　六冊

匡高 20 厘米，廣 14.1 厘米。半葉十行，行二十五字，小字雙行同。白口，左右雙邊，單黑魚尾。

脈學輯要卷上

東都　丹波元簡廉夫　著

總說

朱奉議曰凡初下指先以中指端按得關位掌後高骨為關乃齊下前後二指為三部脈前指寸口也後指尺部也若人臂長乃疎下指臂短則密下指　活人書

汪石山曰揣得高骨厭中指于高骨以定關位然後下前後兩指以取尺寸不必拘一寸九分之說也　脈訣刊誤附錄

案二說原于脈經分別三關境界脈候篇

楊仁齋曰凡三部之脈大約一寸九分人之長者僅加之而

脈學輯要三卷

（日本）丹波元簡撰　日本寬政七年（1795）江戶萬笈堂刻聿修堂醫學叢書本　一冊

匡高 18.2 厘米，廣 13.5 厘米。半葉十行，行二十三字。白口，四周單邊，單黑魚尾。

一一三

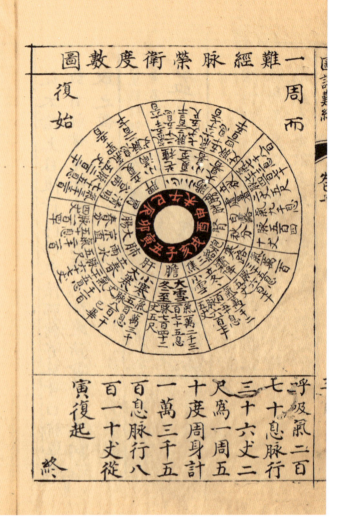

二難曰脉有尺寸何謂也然尺寸者脉之大要會也從
關至尺是尺內陰之所治也從關至魚際是寸口內陽
之所治也故分寸為尺分尺為寸

故陰得尺內一寸陽得寸內九分尺寸終始一寸九
分故曰尺寸也

關間隔也脉有寸關尺今止云尺寸者蓋因關為尺
寸之間隔否則混為一家夫何尺寸之有尺寸者五
臟六腑之所終始故曰脉之大要會也治猶屬也從
關至尺澤穴得一尺屬尺內之陰從關至魚際穴得
一寸屬寸口內之陽從魚際穴至尺澤穴共一尺九
分今云尺寸者分寸中之一分而為尺分尺中之一

〔二難〕

圖註難經

卷一

二難

圖註八十一難經辨真四卷

（明）張世賢圖註　清咸豐九年（1859）鈔本　二冊

匡高 18.7 厘米，廣 12.1 厘米。半葉十行，行二十一字。白口，四周單邊，單黑魚尾。

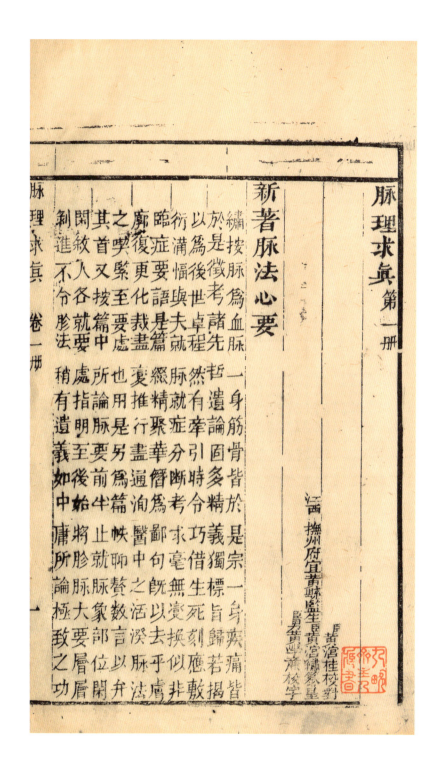

脉理求真三卷

（清）黄宮綉撰　清乾隆三十九年（1774）綠圃齋刻興順堂印本　二册

匡高 19.4 厘米，廣 12.7 厘米。半葉九行，行二十字，小字雙行同。白口，四周單邊。有"九畹齋主人臧書"印。

脉經卷之一　　　明晉安袁表景從甫類校

脉形狀指下秘訣第一

平脉蚤晏法第二

分別三關境界脉候所主第三

辨尺寸陰陽滎衛度數第四

平脉視人大小長短男女逆順法第五

持脉輕重法第六

兩手六脉所主五藏六腑陰陽逆順第七

脈經十卷

（晉）王熙撰　明萬曆三年（1575）晉安袁表刻本　四冊

匡高 19.7 厘米，廣 13.5 厘米。半葉九行，行十八字。白口，左右雙邊，單黑魚尾。

運日時死若過得此日可治

假如巳五年又遇巳丑未日時死若過得此日可治

運日時死若過得此日但患腎經受病值此同

不足人參敗毒飲假如今年乙未濕土司天辰戌太陰

一日太陽經頭痛身熱法當以汗先年有餘雙解散先年

六脈掌圖

一傷寒六經傳變日法

寒水在泉明年雙解散更有脈虛實浮散數而大調之

有餘曰實短數而微調之不足曰虛

二日陽明經當和調中湯加四苓散

三日少陽經小柴胡湯

四日太陰經身癢

五日少陰經口乾舌燥

六日厥陰經當下

七日六經傳遍又後太陽又以汗下

如脈浮緊大煩者又汗

如脈浮沉而遲撥下緊實又下

如右關脈是陽明胃土脈　浮緊而洪頭而微紅斷曰發斑

分男女脈

男子尺脈常弱　氣有餘為無害

女子尺脈常盛　血有餘為無害

太素脉秘訣二卷

（明）張太素述　明萬曆四十三年（1615）書林周文煒刻本　一册

匡高 22.1 厘米，廣 13.8 厘米。半葉十行，行二十二字。白口，四周單邊，單黑魚尾。存卷下。

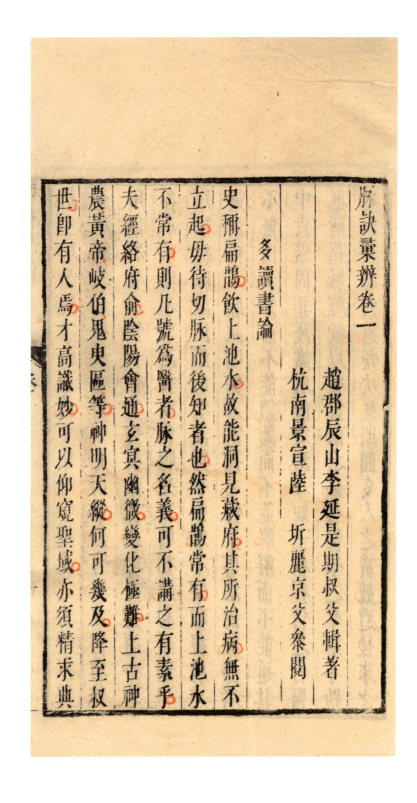

脉訣彙辨卷一

趙郡辰山李延昰期叔父輯著

杭南景宣陸

圻麗京父參閱

多讀書論

史稱扁鵲飲上池水故能洞見藏府其所治病無不

立起毋待切脉而後知者也然扁鵲常有而上池水

不常有則几號爲醫者脉之名義可不講之有素乎

夫經絡府俞陰陽會通玄冥幽微變化極難上古神

農黃帝岐伯鬼臾區等神明天縱何可幾及降至叔

世卽有人焉才高識妙可以仰窺聖域亦須精求典

脉訣彙辨十卷

（清）李延昰輯　清康熙五年（1666）趙郡李延昰刻本　三册

匡高 21.9 厘米，廣 14.7 厘米。半葉十行，行二十字。白口。四周單邊，單黑魚尾。

醫燈續焰

正文

本文計二千六百四十言凡六百二十八句原
名四言脈訣乃宋南康紫虛隱君崔嘉彥希
範所撰明蘄州月池子李言聞子郁刪補之更
名四言舉要其間脈證病因始備但無詮釋則
讀者不知其所從來反致旁引外
之請乃鼓志為釋不敢旁引外書唯首遵靈素
次仲景傷寒金匱下及張朱劉李諸賢論有精
純明確者採之亦不敢以辭害意并妄入臆說
如意與理微則設輸形容翻覆錯辯務令恍然
在目皭然開心至若文之俚在所勿論
也因借更名醫燈續焰尚俟高明者鑒教之　潘楫識

醫燈續焰二／正文

脈乃血派，氣血之先，血之隧道，氣息應焉，其象法地。
也

一

陸地舟

醫燈續焰二十一卷

（宋）崔嘉彥撰　清順治九年（1652）陸地舟刻本　十六冊

匡高 19.1 厘米，廣 11.6 厘米。半葉八行，行二十字。白口，四周單邊，單白魚尾。

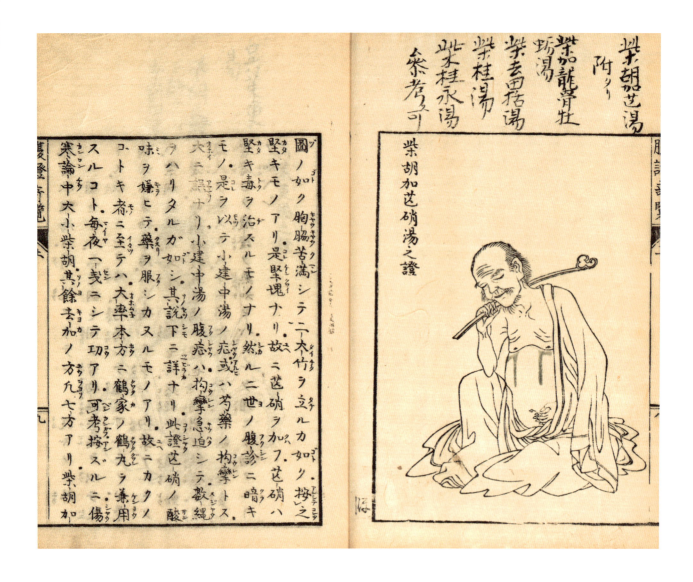

腹證奇覽不分卷

（日本）稻葉克文禮著　日本享和元年（1801）攝州書林興文堂積玉圃刻本　二册

匡高 17 厘米，廣 12.6 厘米。半葉十行，行二十一字。白口，四周單邊，單黑魚尾。

人非臻安樂之區不能收延壽之效然求安樂先須
致其體質於康寧蓋惟無疾苦乃克康寧而登仁壽
之域也觀夫在世者無論東西無分貧富誰能免二
豎之見侵溯彼蒼之生人芸芸總總其法極巧其意
至公人身之受禀賦本屬完全無缺彼蒼未嘗故予人以
微肯人身之受病皆其不善養育所致也而研究人
生體質功用全靠血脈運行一身之中以血管而貫

延壽新法

第一章

論人身之功用

延壽新法十三章

伍廷芳編著　民國鈔本　一冊

　　匡高 13.2 厘米，廣 8.7 厘米。半葉九行，行二十字。白口，左右雙邊，稿紙中縫有"愚齋養生叢書"字樣。

序

司馬遷言老子修道養壽莊周之書亦謂養生以盡
年夫年壽天也而所以養之者人也得其養則純固
康強失其養則有札瘥夭昏之患此理之常也昇仙
不死之說其事誕欺而不經至於導氣攝生吐故納
新使人心體安舒形神和暢其極足以還年而却老
雖謂之仙可矣新會伍秋庸先生溫良質直博通中
外之故與予同官京朝時交好最洽每聞其論衛生
之旨在甘素食慎起居日夜噓吸清空之氣予心善

延壽新法

遵生寶訓

古杭高濂纂

老子曰人生大期百年為限節護之者可至千歲如

膏之小炷與大耳衆人大言我小語衆人多煩我少

記衆人悸怖我不怒

莊子曰能遵生者雖富貴不以養傷身雖貧賤不以

利累形

妙真經曰人常失道非道失人人常去生非生去人

故養生者慎勿失道為道者慎勿失生使道與生相

遵生寶訓一

遵生八牋十九卷

（明）高濂編　明萬曆十九年（1591）刻本　十二冊

　　匡高 19.2 厘米，廣 13.7 厘米。半葉九行，行二十字。白口，左右雙邊，單白魚尾。有"安雅堂印""西圃藏書""魯山堂主人""臣靈"等印。

尊生八牋序

自天地有生之始以至我生其機靈
自我而不滅吾人演生生之機俾繼
我後亦靈自我而長存是運天地不
息之神靈造化無疆之竅二人生我
之功吾人自任之重義亦大矣故尊

醫壘元戎

新安　吳中珩　校

傷寒不可汗不可下不可吐諸證

大槩春宜吐夏宜汗秋宜下凡用藥汗及吐下湯劑

皆中病即止

若少陽病脈微不可發汗以陽故也宜附子湯

若陽己虛尺中弱濇者復不可下之宜小柴胡湯

若動氣在左在右在上並不可發汗宜小柴

若少陰病脈細沉數病在裏不可發

胡桂枝湯　若少陰病脈細沉數病在裏不可發

汗宜當歸四逆湯　若少陽病不可發汗宜小柴

醫壘元戎一卷

（元）王好古撰　明刻本　一冊

匡高 20.1 厘米，廣 13 厘米。半葉十行，行二十字。白口，四周雙邊，單黑魚尾。有"劉銘儒印"印。

活法機要

泄痢證

新安吳中瑜楚白校正

臟腑泄痢其證多種大抵從風濕熱也是知寒少熱

多故曰暴泄非陰久泄非陽漫而便膿血知氣行

而血止也宜大黃湯下之是爲重劑黃芩芍藥湯是

爲輕劑治法宜補宜泄宜止宜和則芍藥湯止

則訶子湯有暴下無聲身冷自汗小便清利大便

不禁氣難喘息脈微嘔吐急以重藥溫之漿水散

是也後重則宜下腹痛則宜和身重者除濕脈弦

活法機要一卷

（元）朱震亨撰　明刻本　一冊

匡高 19.9 厘米，廣 13 厘米。半葉十行，行二十字。白口，四周雙邊，單黑魚尾。有"劉銘儒印"印。

玉機微義卷之一

吳陵劉純宗厚輯

後學　張廷綏屢豐　校
　　　沈廷颺佩游

中風門

中風敘論之始

內經云風之傷人也或爲寒熱或爲寒中或爲熱中
或爲偏枯風善行而數變至其變化乃爲他病歷陳
五臟與胃之傷及風病名皆多汗而惡風詳見本文

按風論發明風邪係外感之病有內外臟腑虛實
寒熱之不同別無癱瘓痿弱卒中不省僵仆喎斜

玉機微義五十卷

（明）徐彥純撰　　（明）劉純續增　　清康熙四十二年（1703）長洲張廷綏、沈廷颺刻本　十六冊

　　匡高 18.9 厘米，廣 12.6 厘米。半葉九行，行二十字，小字雙行同。黑口，左右雙邊，雙花魚尾。有"允若顧恩湛章"等印。

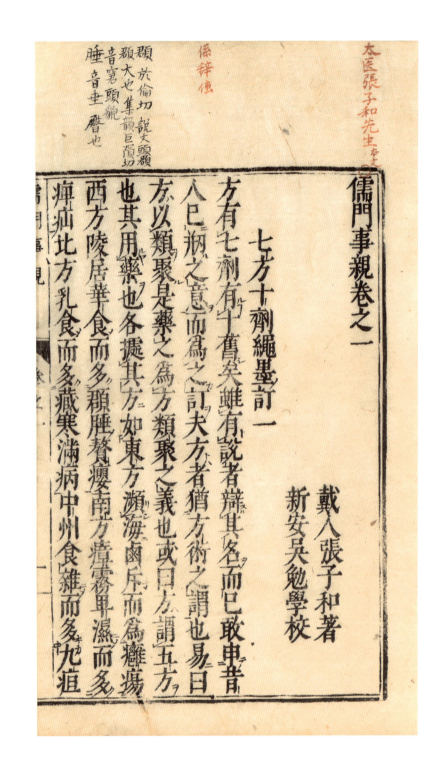

儒門事親十五卷

（元）張從正撰　日本正德元年（1711）渡邊榮洛陽松下睡鶴軒刻浪華書肆田緣叔平印本　四冊

匡高 20 厘米，廣 13.1 厘米。半葉十行，行二十字。白口，四周雙邊，單黑魚尾。存卷一、五至十五。有"足立藏書""中島氏藏書記"等印。

髮宜多梳面宜多擦月宜常運耳宜常彈名鳴天鼓舌宜抵腭齒

宜數叩津宜數咽濁宜常呵背宜常暖胸宜常護腹宜常摩穀道

攝生要言

功爲尤勝因集醫方而首列養生法

違和尤宜善自調養固非徒藉乎醫藥也而且較醫藥之

然與其調劑於有病之後何如保養于未病之先縱偶或

由于陰陽之偏駁爰藉醫藥以均調之使陰陽和而乃安

抱陰負陽而生五行完具血氣和平人本無病也病之故

養生法

同壽錄卷一

同壽錄四卷末一卷補遺一卷

（清）項天瑞編　清乾隆二十七年（1762）新安項天瑞志仁堂刻本　四册

匡高 21 厘米，廣 13.8 厘米。半葉十行，行二十五字。白口，四周單邊，單黑魚尾。有“汪宗淦印”“穉琢”“浣花室藏書”“允若顧恩湛章”“汪憲奎印”“秋浦”印。

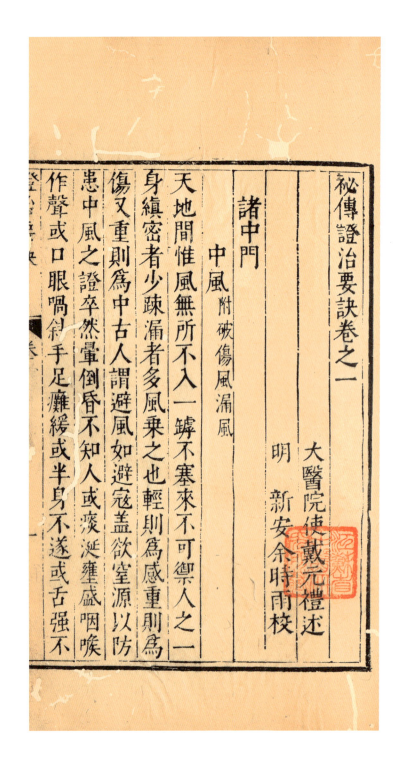

祕傳證治要訣卷之一

　　　　　大醫院使戴元禮述

　　　明　新安余時雨校

諸中門

　中風附破傷風漏風

天地間惟風無所不入一竅不塞來不可禦人之一
身縝密者少踈漏者多風乘之也輕則爲感重則爲
傷又重則爲中古人謂避風如避寇蓋欲窒源以防
患中風之證卒然暈倒昏不知人或痰涎壅盛咽喉
作聲或口眼喎斜手足癱緩或半身不遂或舌强不

證治要訣十二卷

（明）戴思恭撰　明萬曆新安吳勉學刻本　四冊

　　匡高 20.1 厘米，廣 13.1 厘米。半葉十行，行二十字。白口，四周雙邊，單黑魚尾。該書又名《秘傳證治要訣》。

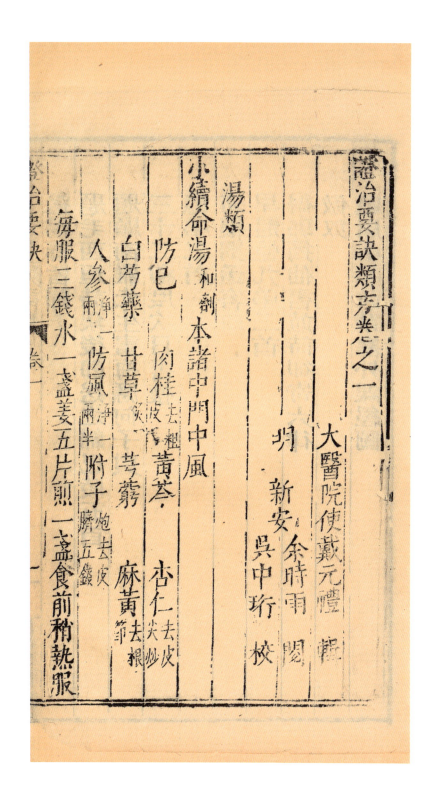

證治要訣類方四卷

（明）戴思恭著　明萬曆新安吳勉學刻本　二册

匡高 20.8 厘米，廣 13.1 厘米。半葉十行，行二十字。白口，四周雙邊，單黑魚尾。

温疫論卷上

姑蘇吳有性又可甫著

嘉善張以增容旃評點

原病

病疫之由昔以為非其時有其氣春應溫而反大寒
夏應熱而反大凉秋應凉而反大熱冬應寒而反大
溫得非時之氣長幼之病相似以為疫余論則不然
夫寒熱溫凉乃四時之常因風雨陰晴稍為損益假
令秋熱必多晴春寒因多雨較之亦天地之常事未

温疫論二卷

（明）吳有性撰　清康熙三十三年（1694）嘉善張以增刻寶仁堂印本　一冊

匡高 18.5 厘米，廣 13.3 厘米。半葉九行，行二十字。黑口，左右雙邊，雙黑魚尾。存卷上。

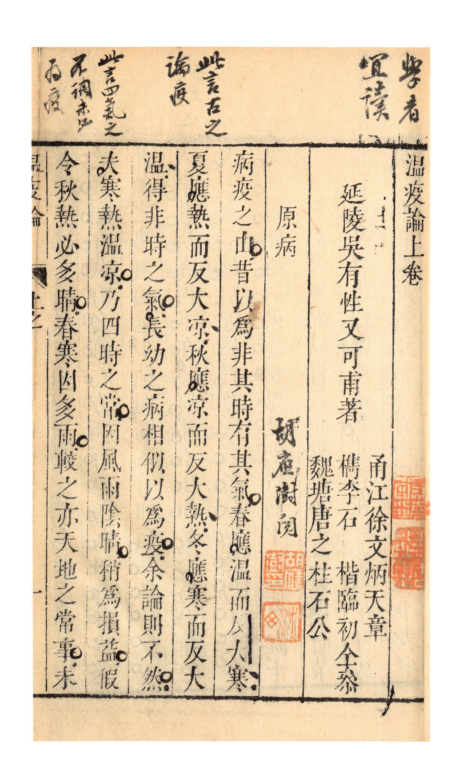

温疫論二卷

（明）吳有性撰　清初刻本　二冊

　　匡高 18.5 厘米，廣 12.5 厘米。半葉九行，行二十字。白口，左右雙邊，單黑魚尾。有"胡應澍印""沐田"等印。

傳症彙編　卷之一

治疫全書一　醒醫六書

新建邑庠熊立品聖臣甫編輯

同里姻姪夏廷儀煦園恭較

孫承統紹庭校字

原病

吳又可曰病疫之由昔以為非其時有其氣春應溫而反大
寒夏應熱而反大涼秋應涼而反大熱冬應寒而反大溫得
非時之氣長幼之病相似以為疫余論則不然夫寒熱溫涼
乃四時之常因風雨陰晴稍為損益假令秋熱必多晴春寒

瘟疫傳症彙編二十卷

（清）熊立品編　清乾隆四十二年（1777）西昌熊氏家塾刻本　十二冊

匡高 17.5 厘米，廣 12.6 厘米。半葉十行，行二十三字。白口，左右雙邊，單黑魚尾。

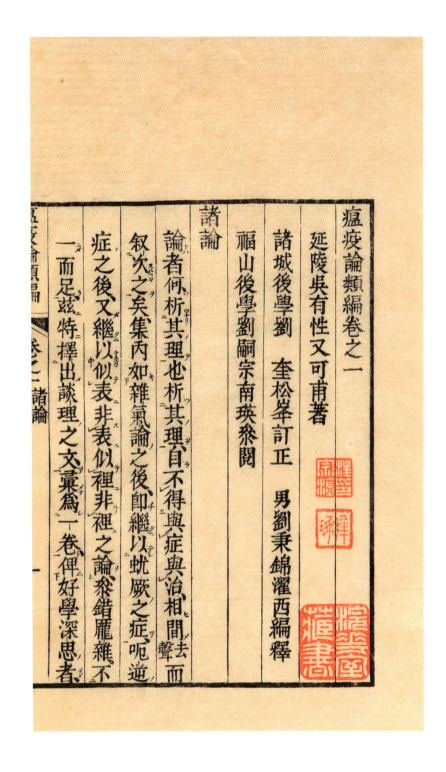

瘟疫論類編五卷

（明）吳有性撰　日本享和三年（1803）書林小倉氏刻本　二冊

匡高 17.7 厘米，廣 12.5 厘米。半葉九行，行二十二字。白口，四周單邊，單黑魚尾。有"汪宗淦印""穉琢""浣花室藏書"等印。

温熱暑疫全書四卷

（清）周揚俊輯　清乾隆十九年（1754）庸德堂刻本　二冊

匡高 19.4 厘米，廣 13.5 厘米。半葉十行，行二十字。白口，左右雙邊，單黑魚尾。

吳門　薛生白　重校
　　　吳正功

溫熱暑疫全書

庸德堂藏板

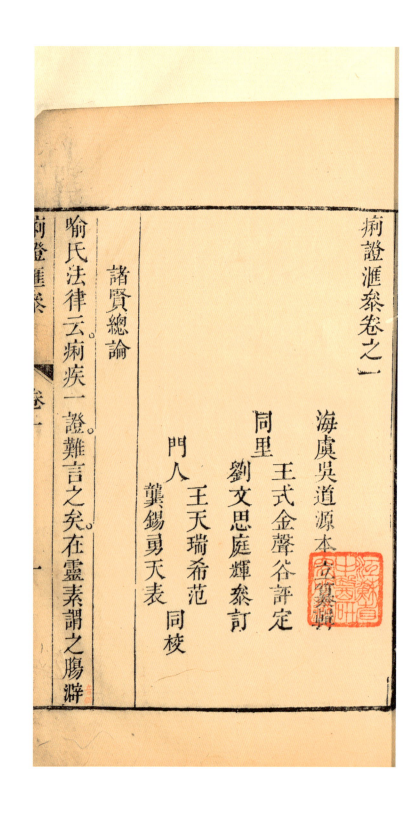

喻氏法律云痢疾一證難言之矣在靈素謂之腸澼

諸賢總論

痢證滙叅 卷一

痢證滙叅卷之一

海虞吳道源本玄纂輯

同里 王式金聲谷評定

劉文思庭輝叅訂

門人 王天瑞希范 同校

龔錫勇天表

痢證滙叅十卷

（清）吳道源編　清乾隆三十八年（1773）敦厚堂刻本　六冊

匡高 19.5 厘米，廣 13.5 厘米。半葉八行，行二十字。白口，四周單邊，單黑魚尾。

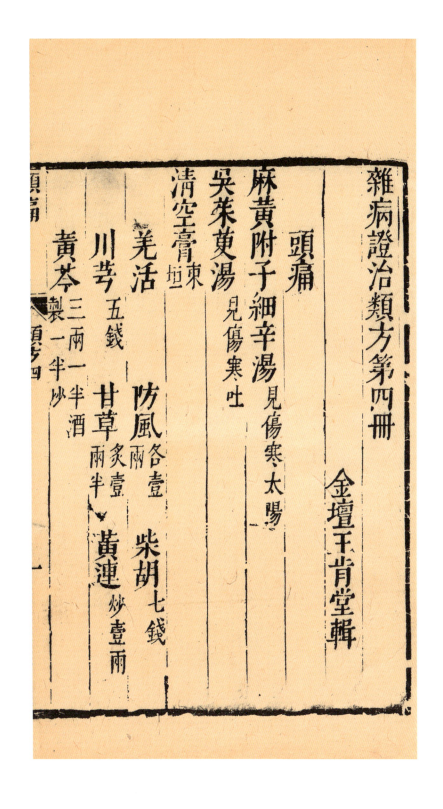

雜病證治類方第四冊　金壇王肯堂輯

頭痛

麻黃附子細辛湯　見傷寒太陽

吳茱萸湯　見傷寒吐

清空膏　東垣

羌活　川芎五錢　防風各壹兩　柴胡七錢

黃芩製三兩一半酒一半炒　甘草炙壹兩半　黃連炒壹兩

雜病證治類方八卷

（明）王肯堂輯　清康熙三十八年（1699）金壇虞氏刻本　十五冊

匡高 19.8 厘米，廣 13.8 厘米。半葉九行，行十八字。白口，四周單邊，單黑魚尾。

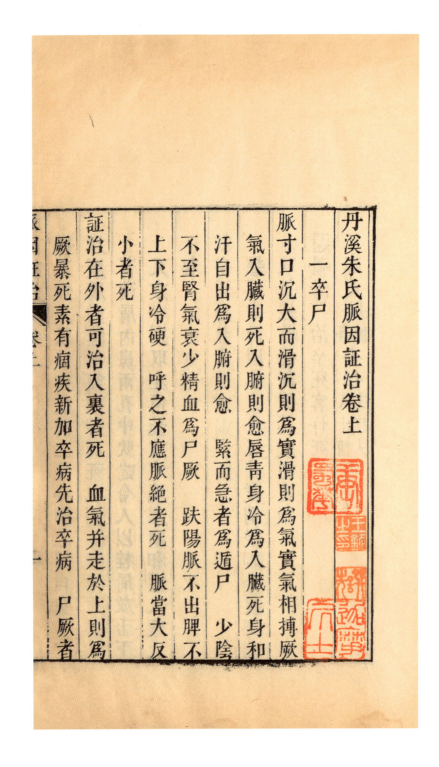

丹溪朱氏脈因証治卷上

一卒尸

脈寸口沉大而滑沉則爲實滑則爲氣實氣相搏厥

氣入臟則死入腑則愈唇青身冷爲入臟死身和

汗自出爲入腑則愈　緊而急者爲遁尸　少陰

不至腎氣衰少精血爲尸厥　跌陽脈不出脾不

上下身冷硬　呼之不應脈絕者死　脈當大反

小者死　　　血氣并走於上則爲

証治在外者可治入裏者死

厥暴死素有痼疾新加卒病先治卒病　尸厥者

脈因証治二卷

（元）朱震亨撰　清乾隆四十年（1775）語溪湯望久刻頤生堂印本　二册

匡高 17.7 厘米，廣 13.1 厘米。半葉十行，行二十字。白口，左右雙邊，單黑魚尾。有"唐蜀華""王銘之印""譔先""迦摩居士"印。

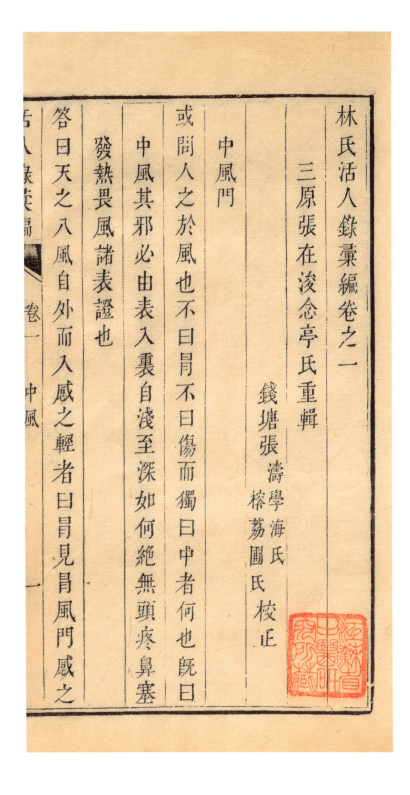

林氏活人錄彙編卷之一

三原張在浚念亭氏重輯

錢塘張　濤學海氏
　　榕荔圃氏校正

中風門

或問人之於風也不曰冒不曰傷而獨曰中者何也既曰

中風其邪必由表入裹自淺至深如何絕無頭疼鼻塞

發熱畏風諸表證也

答曰天之八風自外而入感之輕者曰冒見冒風門感之

活人錄彙編

卷一　中風　一

活人錄彙編十二卷

（清）林開燧撰　清乾隆十八年（1753）三原張在浚刻本　七册

匡高 21.5 厘米，廣 12.2 厘米。半葉八行，行二十二字。白口，四周雙邊，單黑魚尾。

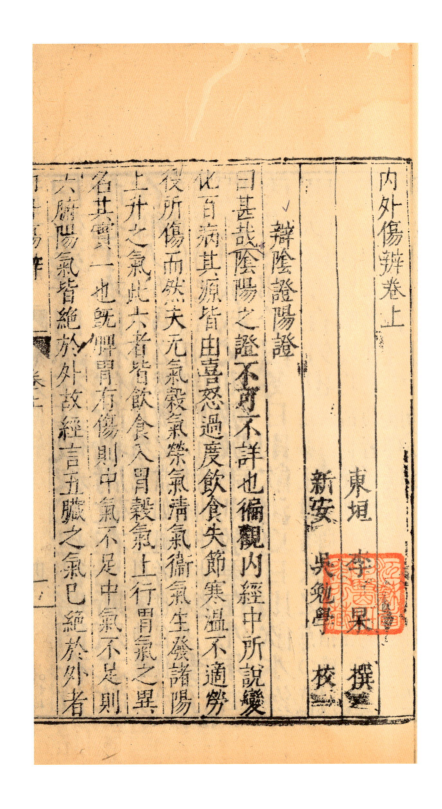

内外傷辨卷上

東垣　　　　撰

新安　　吳勉學　校

辯陰證陽證

曰甚哉陰陽之證不可不詳也偏觀內經中所說變

化百病其源皆由喜怒過慶飲食失節寒溫不適勞

役所傷而然夫元氣穀氣榮氣清氣衛氣生發諸陽

上升之氣此六者皆飲食入胃穀氣上行胃氣之異

名其實一也既脾胃有傷則中氣不足中氣不足則

六腑陽氣皆絕於外故經言五臟之氣已絕於外者

内外傷辨三卷

（元）李杲撰　明萬曆新安吳勉學刻本　二册

匡高 20.1 厘米，廣 13 厘米。半葉十行，行二十字。白口，四周雙邊，單黑魚尾。

脾胃論卷上

脾胃虛實傳變論

新安　吳中珩　校

五藏別論云胃、大腸、小腸、三焦、膀胱、此五者天氣之
所生也其氣象天故瀉而不藏此受五臟濁氣名曰
傳化之府此不能久留輸瀉者也所謂五臟者藏精
氣而不瀉也故滿而不能實六腑者傳化物而不藏
故實而不能滿所以然者水穀入口則胃實而腸虛
食下則腸實而胃虛故曰實而不滿滿而不實也陰
陽應象大論云谷氣通於脾六經為川腸胃為海九

脾胃論三卷

（元）李杲撰　明萬曆刻本　三冊

匡高 20.1 厘米，廣 13.1 厘米。半葉十行，行二十字。白口，四周雙邊，單黑魚尾。

內科摘要卷之上

後學蔣宗瀘校

古吳薛　己著

元氣虧損內傷外感等症一

車駕王用之卒中昏憒口眼喎斜痰氣上湧咽喉有聲六脉沉伏此眞氣虛而風邪所乘以三生飲一兩加人參一兩煎服即甦若遺尿手撒口開鼾睡爲不治用前藥亦有得生者夫前飲乃行經絡治寒痰之藥有斬關奪旗之功每服必用人參兩

内科摘要二卷

（明）薛己撰　明刻本　一册

匡高 20.1 厘米，廣 12.8 厘米。半葉九行，行十九字。白口，四周單邊。

邯鄲遺稿卷之一

趙養葵先生原本　吳趨吳升元一校刊

調經總論

凡婦女經事謂之月水又謂之潮水曰月者一
月一至也曰潮者取其信也上薈為乳汁下行
為月水夫陰必從陽故稟火色而紅血為氣配
氣寒則寒氣熱則熱氣降則降氣凝則凝氣滯
則滯氣行則行平和之氣三旬一見應月盈焉

卷一　一

邯鄲遺稿四卷

（明）趙獻可著　清鈔本　二册

　　書高 23.2 厘米，廣 14.9 厘米。半葉八行，行十八字。據清嘉慶元年（1796）靈蘭閣刻本鈔。有"繆康壽印"印。

嘉慶元年刊

靈蘭閣藏板

婦人良方卷之首

古吳薛氏己撰

凡例

一　各論有重復闕畧悉遵素難及歷代各醫治法

增減庶灼見本症病因不致分雜難曉

各論有陳無擇熊鰲峯二先生評論治法去繁

就簡併入本論以便觀覽

一諸治驗原隨方者悉從其舊若詞義重復者刪

之以便覽閱

婦人良方卷之首

一

婦人良方二十四卷

（宋）陳自明撰　明刻本　十册

匡高 20.7 厘米，廣 12.8 厘米。半葉九行，行十九字。白口，四周單邊。有"頌康"印。

寧坤秘笈 竹林寺女科

婦女之病九十一症治法七十九方

第一經前 論其症血來如胆水五心作熱腰痛

并小腹痛面黃色不思飲食乃氣血虛先退

其熱然後調經次月勝血而愈先用黃芩散

治之

黃芩散方

黃芩六分 川芎八分 當歸 白芍 蒼术各一

錢 甘草三分 知母五分 花粉五分 水煎溫

寧坤秘笈三卷

（清）竹林寺僧撰　清乾隆五十一年（1786）刻本　二册

匡高 13.8 厘米，廣 9.9 厘米。半葉九行，行十九字。白口，左右雙邊，單黑魚尾。

濟陰綱目卷之一

關中　武之望叔卿父輯著　錢塘　張志聰隱菴父訂正
西陵　汪　淇憺漪子箋釋　天都　查　望于周父敎閱

○論經主衝任二脈

○調經

○論經

辰方論曰岐伯云女子七歲腎氣盛齒更髮長二七而天癸至任
脉通太衝脈盛月事以時下天謂天真之氣癸謂壬癸之水故云
天癸也然衝爲血海任主胞胎二脉流通經血漸盈應時而下常
以三旬一見以象月盈則虧也若遇經行最宜謹愼否則與產後
症相類若被驚恐勞役則血氣錯亂經脉不行多致勞瘵等疾若

任脉至任一身之陰血太衝屬陽明爲血之海故穀氣盛則血海滿兩事以時下天真天一也天一太氣升而爲壬隆而爲癸子陽而癸陰也三旬一見者爲一小會之遇天此其常也然有大會中會之不同故又有三月一行一年

濟陰綱目十四卷

（明）武之望撰　清康熙四年（1665）汪琪刻本　十二冊

匡高 19.2 厘米，廣 13 厘米。半葉十行，行二十五字。白口，左右雙邊，單黑魚尾。有"天醫曹氏""西圃藏書"等印。

救產全書

金陵謝文祥麟生原輯

南海梁佩蘭藥亭評定

瀋陽佟國翼念菴較梓

受業沈　佐璜臣編次

男琦琰玘瑛球仝延

臨產須知

謝子曰臨產如渡江海縱有風波心不搖動須臾
自息若未險而驚臨險而亂其不至于覆也幾希
又如理亂絲然緩則解急則結矣惟平心靜氣從

救產全書一卷

（清）謝文祥撰　清康熙三十六年（1697）瀋陽佟國翼刻本　一册

匡高 18.9 厘米，廣 12.9 厘米。半葉九行，行二十字。白口，四周雙邊，單黑魚尾。有"盧念統印""大繩""吉无不利"等印。

求子論

素問云天地者萬物之父母也陰陽者天地之男女也有夫婦則
有父子婚姻之後則有生育育者人倫之生也男女之合二情交
暢陽血先至陽精後沖血開裹精陰外陽的陰含陽胎而男形成
多陽精先至陰血後裹精闔裏血陽外陰内陽含陰胎而女形成
是若夫受形之易者男女遘當其年也男子二八精氣溢瀉必三
十而娶女子二七天癸至七二十而嫁欲其二氣充實然後交而
孕已而育之而壽倘婚嫁不待真元交泄未完而傷是以交而不

女科真傳要旨不分卷

（宋）薛將仕撰　鈔本　一册

書高 26.3 厘米，廣 12.3 厘米。半葉八行，行二十五字。有"丁遠孚字"印。

女科真傳要旨論序

古人云女科為醫之難事何也蓋其嗜慾多於丈夫感病倍
於男子況富貴之家居奧室之中帷帳之內復以帛蒙手臂
既不能行望聞之神又不能殫切脉之巧亦免盡理質問病家
見其問煩遂為醫者不精于之樂習其業非不憚其難也因慈
親久病刻志於醫遠遊楚蜀尋師弗遇復適越玉拜徒真人
講明陰陽順逆氣運變化臟腑標本脉候虛實晰得一所傳
乃屢試之累有神効但方浩瀚書辭理淵深慮後人不能遍

濟世珍寶

西山真仙衛生歌

天地之間人為貴頭象天兮足象地父母遺體宜寶之箕疇五
福壽為最衛生切要知三戒大怒大慾併大醉三者之中有一
焉須防損失真元氣欲求長生先戒性火不出兮神自定木若
去火不成灰人能戒性還延命會慾慾忘卻精用心不性定
無神勞神散晝中和氣更伏何能保此身心若太費兮則竭形
若太勞兮則歇神若太傷兮則絕世人欲識
衛生道喜樂有常嗔怒少心誠意正思慮除順理脩身去煩惱

太朴山人王　詠彙集
卓齋沈　震校錄

濟世珍寶五卷

（明）王詠編　明鈔本　一冊

書高 24.9 厘米，廣 16.1 厘米。半葉十一行，行二十四字。有"硯香書屋""加南山之壽""嘯竹"印。

○調理精血宜論

求嗣之道在于男精女血克實而無病也茍有病焉必資明醫論症調之夫精者血也水也陰也盖以有形言之也有形而能射者則又為氣為血為陽所使然也論曰孤陽不生獨陰不成無形則陽無所附無陽則陰無所依是精黃氣血黃水火黃陰陽總屬腎與命門二脉以沉靜為平若見命門脉細或絕陽事疾弱是為陽虚法宜補陽若見命門脉洪大鼓擊陽事堅舉是為相火妄動法宜滋陰制火敢玄于曰壯水之主以制陽光若見腎脉洪大或遺精尿血是為陰虚法宜補陰若見腎脉虚微太甚別無相火為病法宜陰陽雙補又如經者血也水也陰也

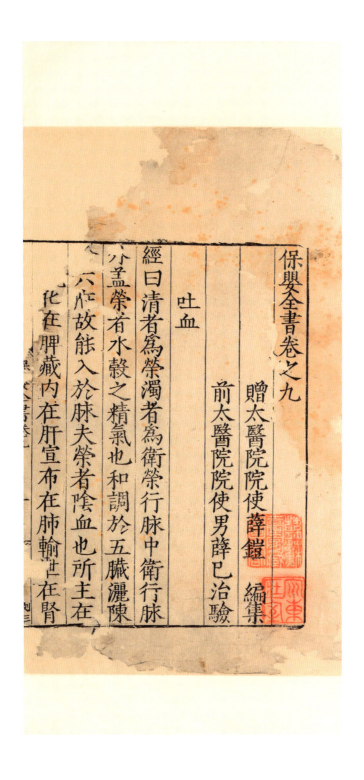

保嬰撮要二十卷

（明）薛鎧撰　明萬曆十一年（1583）趙氏福建刻本　四冊

　　匡高 19.1 厘米，廣 13.5 厘米。半葉八行，行十七字。白口，四周單邊，單黑魚尾。版心下方有刻工姓氏。有"安東臧室""韓蘇臺家藏圖書"等印。又名《保嬰全書》。存卷九至十。

著石堂新刻幼科直言卷之一

江寧孟　河介石甫著

男　莊堯文輯

榆楊王　垣子方甫校

痘症

總論

夫小兒稟天地陰陽之氣以有生受父精母血以成形此一定之理也然父精母血皆有形之物有形即

孟氏幼科六卷

（清）孟河撰　清康熙二十一年（1682）江寧孟河刻雍正四年（1726）增修本　二册

匡高 19 厘米，廣 12.3 厘米。半葉八行，行二十字。白口，四周單邊，單黑魚尾。又名《著石堂新刻幼科直言》。

新鐫保赤全書卷之一

郎中檇李沈堯中原編

副史商丘曹代蕭增定

　　　　檇李黃洪勳仝校

　　　　　　卜宗泰

聚奎堂卜氏授梓

原痘

易曰天地絪縕萬物化醇男女搆精萬物化生夫男女
交搆無欲不行無火不動恣情肆慾而火毒遺於精血

新鐫保赤全書二卷

（明）管櫓編　　（明）李時中增補　　明萬曆檇李卜氏聚奎堂刻本　二冊

匡高 22.5 厘米，廣 12.2 厘米。半葉九行，行二十一字。白口，左右雙邊，單黑魚尾。

幼科醫學指南卷之一

沙城周　震恒齋著

瀨水潘　吳　恆鶴山　寅山皖　仝較

指南賦

醫門治例小兒最難腸胃脆薄乳食易傷筋力柔弱脾而傷胃欲覲氣色先分部位左頰屬肝右頰主肺風寒易襲重綿厚衣反助陽以耗陰放飯流歠徒敗天庭離陽為心火地閣坎陰為腎水鼻乃土星肺主

幼科指南四卷

（清）周震撰　清乾隆五十四年（1789）溧陽保赤堂、玉樹堂刻本　四冊

匡高 18.3 厘米，廣 12.2 厘米。半葉八行，行二十字。白口，左右雙邊，單黑魚尾。

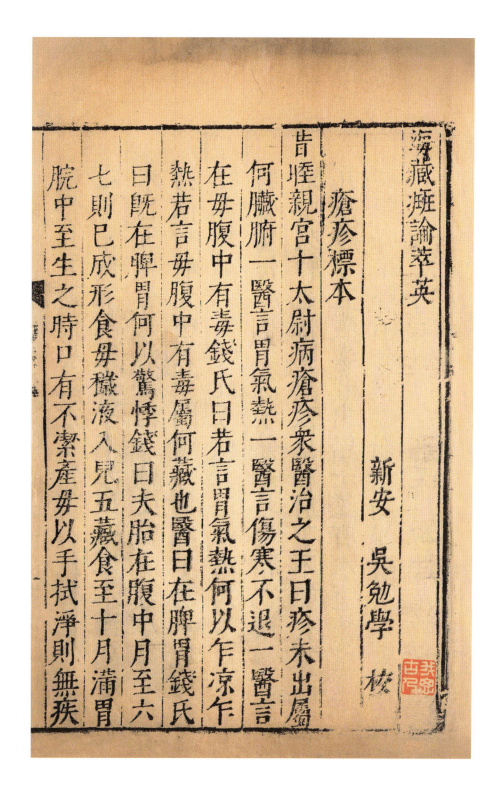

海藏癍論萃英

新安　吳勉學　校

瘡疹標本

皆埋親官十太尉病瘡疹衆醫治之王曰疹未出屬
何臟腑一醫言胃氣熱一醫言傷寒不退一醫言
在毋腹中有毒錢氏曰若言胃氣熱何以乍涼乍
熱若言毋腹中有毒屬何藏也醫曰在脾胃錢氏
曰既在脾胃何以驚悸錢曰夫胎在腹中月至六
七則已成形食毋穢液入兒五藏食至十月滿胃
脘中至生之時口有不潔產毋以手拭淨則無疾

海藏癍論萃英一卷

（元）王好古撰　明萬曆新安吳勉學刻本　一冊

匡高 19.6 厘米，廣 13.1 厘米。半葉十行，行二十字。白口，左右雙邊，單黑魚尾。

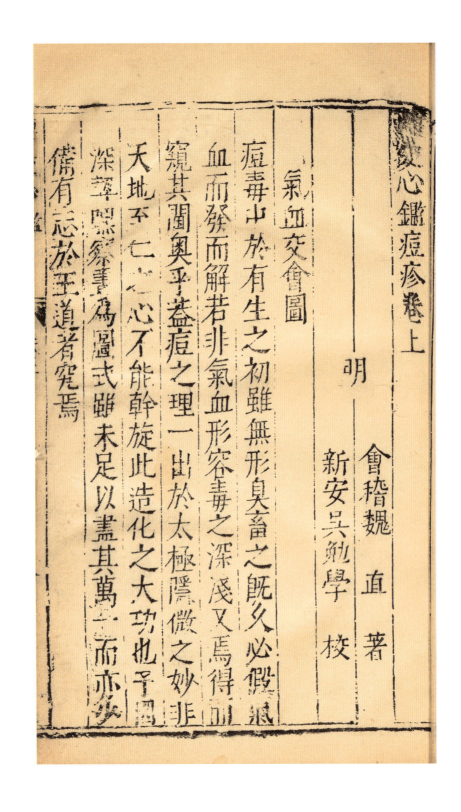

痘疹全書博愛心鑑二卷

（明）魏直撰　明萬曆新安吳勉學刻本　一册

匡高 20.3 厘米，廣 12.5 厘米。半葉十行，行二十字。白口，四周雙邊，單黑魚尾。

痘科類編釋意卷之一

原痘論一

益都翟良輯　武林約齋爾定裴　經校訂重鐫

綠野堂

痘之一症其名不一曰聖瘡曰百歲瘡又曰天瘡聖瘡言其自少至老只作一番天瘡言為天行疫癘也總之不可以定名惟曰痘瘡正世俗所謂菀豆瘡是也言其形之相似耳言其形之似豆則順形之不似豆則逆也取名之義甚確而痘之名定矣特痘毒之所

痘科類編釋意三卷

（明）翟良輯　清乾隆十五年（1750）仁和裴經綠野堂刻本　八冊

匡高22.7厘米，廣13.6厘米。半葉九行，行二十二字。白口，四周雙邊，單黑魚尾。版心下方有"綠野堂"。

聞人氏伯圜先生痘疹論卷上

明　新安吳勉學　校

小兒必患瘡痘者何

一

此由在胞中受穢濁故也凡小兒瘡痘或作於幼年

或發於壯歲古人預療之術載在方策千金方云兒

初生用綿裹指急拭去口中汚血不爾則啼聲一發

嚥下入腹致生諸疾又令飲以甘草湯吐出胸中之

惡仍服生地黃汁一蜆殼許利下惡物至如今之人

用黃連淡豉亦所以革惡穢也穢惡既革則可使瘡

痘不作雖作亦稀少也

聞人氏痘疹一論上

一

聞人氏痘疹論二卷

（宋）聞人規撰　明萬曆新安吳勉學刻本　一册

匡高 19.9 厘米，廣 12.8 厘米。半葉十行，行二十字。白口，四周雙邊，單黑魚尾。

救偏瑣言卷之一

吳興費啟泰建中父著　男

度文趙　英孟育　旦復曙遠　仝訂

救偏總論

太極判而天地分天地位而萬物育生生化化不外
於陰陽相濟而成時行物生之令一有偏勝兩暘便
不能時若四時便不能順敘而萬物俱為病矣妙於
調變者是在於太過則洩之不及則補之偏以偏救
而後可以救大造之偏人肖天地亦猶是焉元氣即

救偏瑣言十卷

（清）費啟泰撰　清鈔本　四冊

　書高 25.4 厘米，廣 17.8 厘米。半葉九行，行二十字。有"叢氏靜涵"印。

痘疹正宗三卷

痘疹正宗上卷

發千宋麟祥鍾嶽甫著

宗室弘晙華川氏重鐫

痘症窮源論

古人謂痘為先天之毒此定論也是其父母七情六

慾五味偏勝之毒中之於二五妙合之時人之一身

先生腎臟所謂天一生水也故痘毒即蘊於腎寂無

所感藏之若無感天地邪陽太壯之氣而始出肇於

（清）宋麟祥撰　清乾隆八年（1743）弘晙刻本　二册

匡高 20.5 厘米，廣 12.8 厘米。半葉八行，行二十字。白口，四周雙邊，單黑魚尾。

申斗垣校正外科啟玄卷之一

明瘡瘍標本論

夫瘡瘍者乃瘡之總名也瘡者傷也肌肉腐壞痛癢

苦楚傷爛成故名曰瘡也瘡之一字所包者廣矣

雖有癰疽疔癤瘭疹痘疹疥癬等分其名亦止

大槩而言也又云外科之一字言瘡雖生於肌

膚之外而其根本原藏於藏腑之內經云營氣不從

逆于肉理乃生諸瘡毒是也當察其瘡生于何經部

位則知何經先病為方穴則察其有何苦楚兼現何

經症候則為標既明其標本治之亦然對症主治內

外科啟玄十二卷

（明）申拱宸撰　明萬曆三十二年（1604）長洲申拱宸刻清聚錦堂遞修本　三冊

匡高 20.5 厘米，廣 12.8 厘米。半葉十行，行二十字。白口，四周單邊，單黑魚尾。

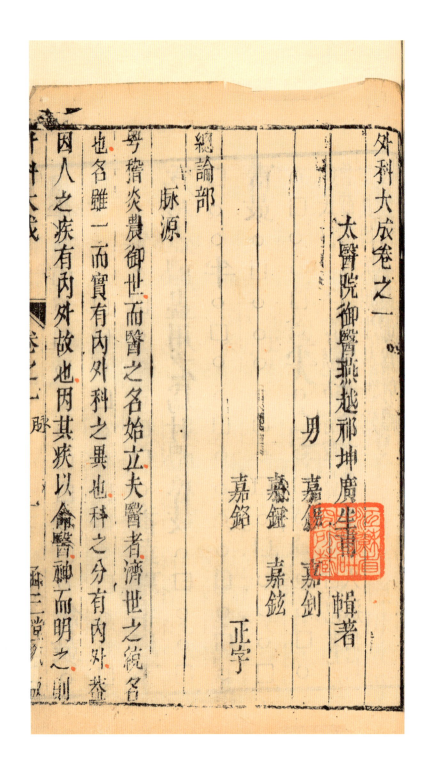

外科大成四卷

（清）祁坤撰　清乾隆六十年（1795）金閶函三堂刻本　十冊

匡高 21.2 厘米，廣 13.8 厘米。半葉十行，行二十字。白口，四周單邊，單黑魚尾。版心下方有"函三堂藏板"。

之分血多氣少者易治氣多血少者難瘳氣多血之

經宜行其氣血多之經宜破其血不可執也

丹溪云六陰經六陽經分布周身有多氣少血者有

多血少氣者有多氣多血者難以槩論若夫要害

處近虛處怯薄處前哲已論及之唯分經之言未

之會間何則諸經唯少陽厥陰經之瘍理宜預防

以其氣多血少也盖其血本少肌肉難長瘡未易

合必致危篤又云少陽經多氣少血厥陰經同而

少陽有相火尤甚於厥陰乃不思本經少血遽用

驅毒之劑以伐其陰分之血禍不旋踵耳

瘍科選粹卷一　經絡圖說　卷一　十七

瘍科選粹八卷

（明）陳文治輯　清康熙四十六年（1707）潯溪達尊堂刻本　八冊

匡高21厘米，廣13.7厘米。半葉十行，行二十字。白口，左右雙邊，單黑魚尾。

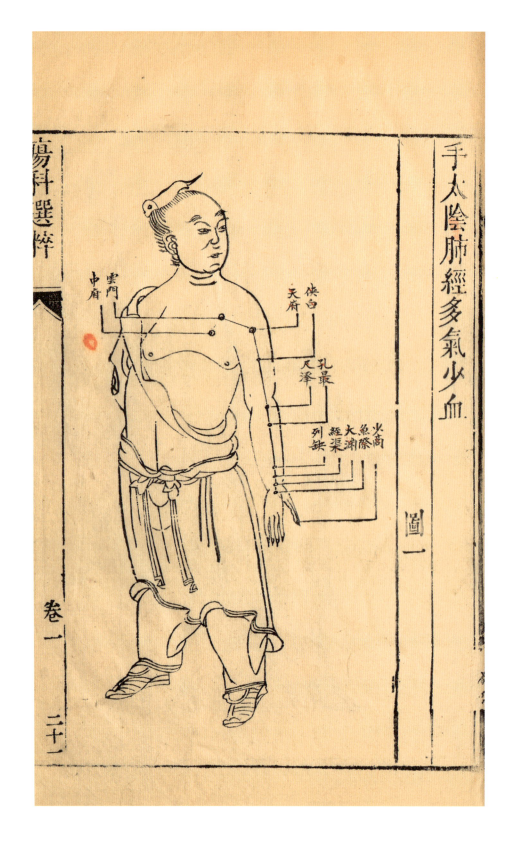

手太陰肺經多氣少血

圖一

瘍科選粹

卷一

二十一

洞天奧旨卷之一

瘡瘍標木論

山陰陳士鐸敬之甫　號遠公著
　　　　　　　　　　　貫肇孫陳鳳輝羽儀甫梓
會稽陶式玉尚白甫　號存齋評
　　　　　　　　　　　立孫坤方溯洄氏校

瘡瘍，標本論

凡病皆有標本之異，而瘡瘍亦宜知之，苟不知標本輕重，施藥不中病情，往往生變。是標本不可不辨也。二者之中，本重于標，知本而標無難治也。世人皆謂瘡瘍生于肌膚，何必問其臟腑，誰知外生瘡瘍皆臟腑內毒蘊結于中，而

洞天奧旨十六卷

（清）陳士鐸撰　　清乾隆五十五年（1790）山陰陳氏家刻本　　六冊

匡高 17 厘米，廣 12.7 厘米。半葉九行，行二十二字。白口，左右雙邊，單黑魚尾。

瘡瘍經驗全書卷之一

宋燕山竇漢卿輯著

天都洪瞻巖 全校
桐川陳友恭

咽喉說一

呼者因陽出吸者隨陰入呼吸之間肺經主之喉嚨

已下言六臟爲手足之陰咽門已下言六腑爲手

足之陽蓋諸臟屬陰爲裏諸腑屬陽爲表以臟者

藏也藏諸神流通也腑者府庫主出納水穀糟粕

轉輸之謂也自喉嚨已下六臟喉應天氣乃肺之

系也以肺屬金乾爲天乾金也故天氣之道其中

瘡瘍經驗全書十二卷

（宋）竇默撰　清康熙五十六年（1717）浩然樓刻本　二十冊

匡高 20.4 厘米，廣 14 厘米。半葉十行，行二十字。白口，左右雙邊，單黑魚尾。版心下方刻有
"浩然樓"。

瘍醫雅言卷一

武進曹禾

癰疽上篇

述古

靈樞癰疽篇疵癰發於膝其狀大癰色不變寒熱如堅石
勿石石之者死須其柔乃石之者生　十金翼作疵疽
厲癰發於足旁其狀不大初如小指發急治之去其黑者
不消輒益不治百日死
脫癰發於足指其狀赤黑死不治不赤黑不死不衰急斬
之不則死　十金翼作脫疽

瘍醫雅言卷一

一

瘍醫雅言十三卷

（清）曹禾著　清咸豐二年（1852）雙梧書屋鈔本　一冊

書高 29.1 厘米，廣 15.7 厘米。半葉十行，行二十二字。有"陽湖董氏收藏圖書"印。

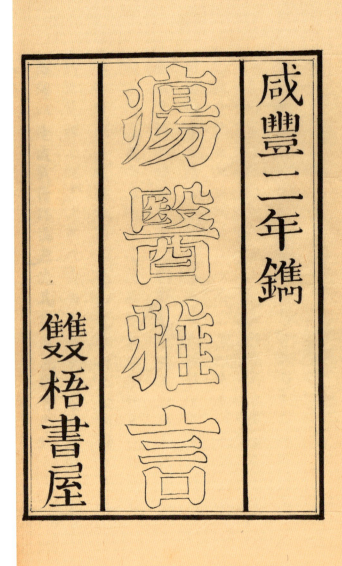

咸豐二年鐫

瘍醫雅言

雙梧書屋

癘瘍機要卷上

古吳薛　己著

後學陸得罷校

本症治法　變症治法　兼症治法

類症治法　各症治驗　各症方藥

內經二云風氣與太陽俱入行諸脉俞散於分肉之
間與衛氣相干其道不利故使肌肉憤膜而有瘍
衛氣有所凝而不行故其肉有不仁也有榮衛熱
胕其氣不清故使鼻柱壞而色敗皮膚瘍潰風寒

癘瘍機要卷之上

癘瘍機要三卷

（明）薛己撰　明刻本　三冊

匡高 20.6 厘米，廣 13 厘米。半葉九行，行十九字。白口，四周單邊。

秘傳打損撲傷奇方

盖醫之一術造其妙固不甚易得其訣六不甚雜傷
寒小兒男婦方脉各有專科至跌打損傷其闕係
甚大死亡在於頃刻醫者未知真訣謬為調治或骨
折而骨不能復完打傷而傷仍溢如故豈不有誤於
人而自傷心術也就是書得之異人應驗如響依此
而行廣可濟世人於茅一也
乾隆庚申歲仲春月硯田氏鍾於　佰耕堂中

秘傳打損撲傷奇方三卷

□□撰　鈔本　一册

書高 23.8 厘米，廣 14.2 厘米。半葉八行，行字不一。有 "宗少"、"俞"、老翁像等印。

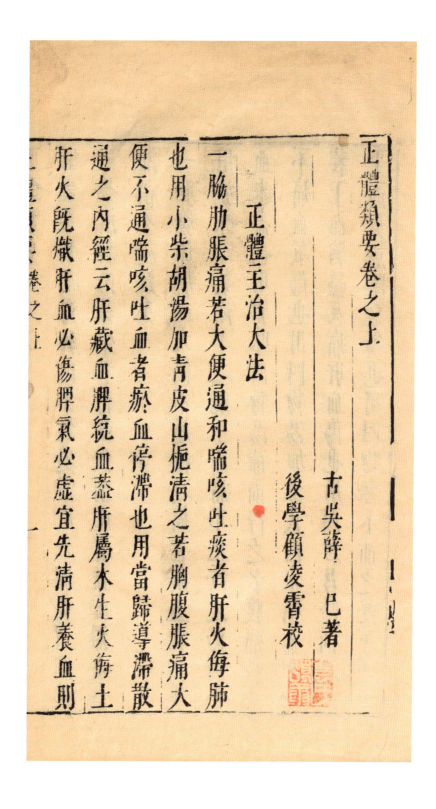

正體類要卷之上

古吳薛己 巳著

後學顧凌霄校

正體主治大法

一脇肋脹痛若大便通和喘咳吐痰者肝火侮肺也用小柴胡湯加青皮山梔清之若胸腹脹痛大便不通喘咳吐血者瘀血停滯也用當歸導滯散通之內經云肝藏血脾統血益所屬木生火侮土肝火既熾肝血必傷脾氣必虛宜先清肝養血則

正體類要二卷

（明）薛己撰　明刻本　一册

匡高 20.3 厘米，廣 12.8 厘米。半葉九行，行十九字。白口，四周單邊。有"袁氏頌康"印。

右眼金膏

点三日微见之见大

洗上日見之註心字

黃州赤沙三真淨土

研和細水贤用

好与莢洗淨了

黃連洗四詞大二個

口熊子鴉鴉大者如

一鴉鴉大者如

真熊胆取真三

真熊胆炙助甚速

攪水碗以問中摩

水中其塵自然分散

良科之疑

明目洗眼藥類

萬金散 治風熱眼

當歸 赤芍藥 黃連 各等分

右為細末每服一錢湯泡洗煎亦可加烏欖葉十四皮

卷簾散

蔓荊子 五倍子 白姜不用多 銅青

當歸 黃連

右為細末沸湯泡洗

五倍子散 治男女眼弦赤爛吉瘡

五倍子 銅青 輕粉 白礬土

新刊明目良方二卷

□□撰　明萬曆刻本　三冊

匡高 18 厘米，廣 12.3 厘米。半葉十行，行二十一字。白口，四周單邊，單黑魚尾。

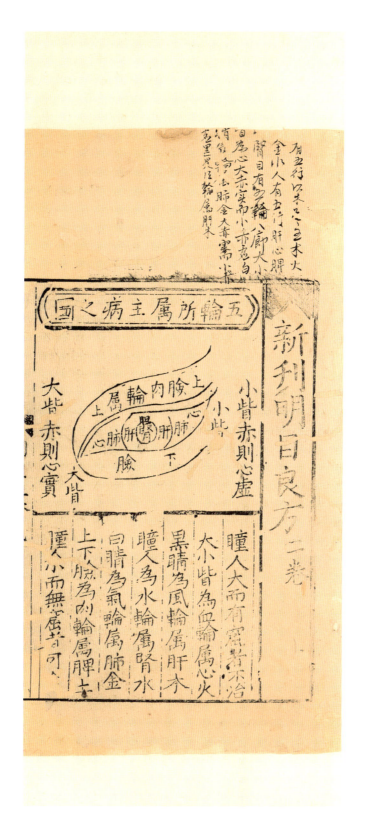

五輪所屬主病之圖

新刊明目良方二卷

小眥赤則心虛

瞳人大而有窠煞亦不治

大小眥為血輪屬心火

黑睛為風輪屬肝木

瞳人為水輪屬腎水

白睛為氣輪屬肺金

上下臉為肉輪屬脾土

大眥赤則心實

瞳人小而無窠亦不可入

新選吳山果居徐寅生青囊眼科

原任團練州守俗武林吳山寅生徐大任　著輯

山西澤州知州進士友弟九如黃圖昌　選正

江西萬載知縣進士友弟青岑章明傑　校正

山東魯邦宗室庠生社弟弘養朱明胤　錄閱

浙江湖州長興邑庠生社弟徹凡章超　仝校

一問曰。患者何也苔曰或因酒色憂愁思慮悲哭。或因酒醉酸鹽。

　血氣不均。肝經損動則失明矣。

二問曰。眼若赤痛者何也苔曰五臟積熱毒傳于肝經。肝受邪風

新選吳山果居徐寅生青囊眼科不分卷

（明）徐寅生撰　清月橋公鈔本　一冊

書高 23.4 厘米，廣 14.5 厘米。半葉九行，行二十五字。有"允若顧恩湛章"印。

五輪
兩屬
之圖
眼形

小眥赤則心虛

大眥赤則心熱

瞳神大而有窟者不醫

白肺之精　　氣輪　金

黑肝之精　　風輪　木

瞳腎之精　　水輪　水

兩眥心之精　血輪　火

兩臉脾之精　肉輪　土

原機啓微卷之下

君臣佐使逆從反正說

吳郡薛巳著

後學郭顯恩校

君爲主臣爲輔佐爲助使爲用置方之原也道則
攻從則順反則異正則宜治病之法也必熱必寒
必散必收者君之主也不宣不明不授不行者臣
之輔也能受能令能力者佐之助也或擊或
發或掛或開者使之用也破寒必熱逐熱必寒去

原機啓微卷之下

一

原機啓微二卷

（元）倪維德撰　明刻本　一册

匡高 20.5 厘米，廣 12.8 厘米。半葉九行，行十九字。白口，四周單邊。

咽喉揔論

夫咽喉者生于肺胃之上咽者嚥也主通利水穀故為胃之係乃
胃氣之通道也長一尺六寸重十兩喉者空虛主于氣息呼吸出
入為肺之係乃肺氣之通道也凡九節長一尺六寸重十二兩故
咽喉與並行其寔無异也然人之一身惟咽喉之地最為關要一
氣之流行迍于上下五藏六府呼吸之經若藏府充寔肺胃平和
則体安身泰一有風邪热毒積蓄于內傳在經絡通在三焦氣血
痞濇不浮舒暢故令咽喉諸症種〻而發苟非見症隨治則風痰
愈甚热毒日深漸至喉関緊鎖水息不通幾何而不致于殞命也

咽喉揔論　諸風秘論　一

喉科秘傳不分卷

□□撰　清鈔本　一册

書高 20.8 厘米，廣 12.3 厘米。半葉九行，行二十五字。有"漁隱"印。

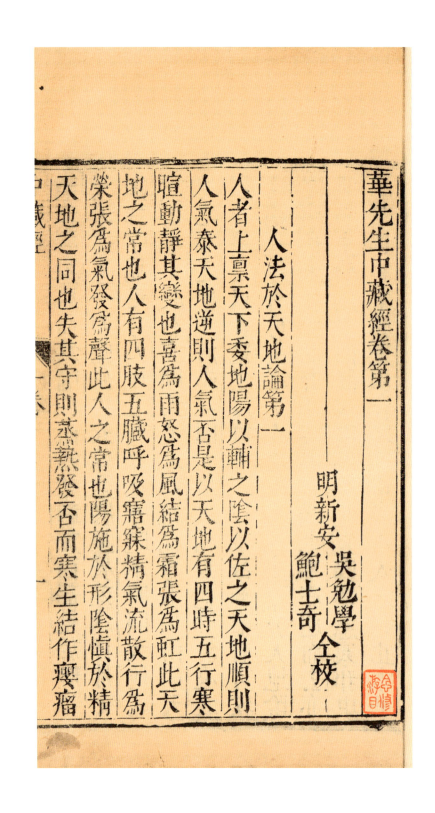

中藏經八卷

（漢）華佗撰　明萬曆二十九年（1601）新安吳勉學刻古今醫統正脉全書本　二冊

匡高 22 厘米，廣 14.3 厘米。半葉十行，行二十字。白口，四周雙邊，單黑魚尾。有"念修游目"印。

新校正華先生中藏經卷第一

堀元厚先生鑒定　門人吉岡玄昌校閱

人法於天地論第一

人者上稟天下委地陽以輔之陰以佐之天地順則人氣泰

天地逆則人氣否是以天地有四時五行寒暄動靜其變也

喜為雨怒為風結為霜張為虹此天地之常也人有四肢五

臟呼吸寤寐精氣流散行為榮張為氣發為聲此人之常也

陽施於形陰慎於精天地之同也失其守則蒸熱發否而寒

新校正中藏經八卷

（漢）華佗撰　日本寬保二年（1742）刻本　二冊

匡高 19.5 厘米，廣 12.8 厘米。半葉九行，行二十四字。白口，四周單邊。

醫宗必讀卷之一

雲間李中梓士材父著

新安吳肇廣約生父叅

姪孫李廷芳蕎伯父訂

讀內經論

古者庖犧知天而八卦列炎帝知地而百草辨

軒轅知人而藏府別經絡彰命曰三墳而內經

其一也班固藝文志曰內經十八卷素問九卷

靈樞九卷乃其數焉黃帝臨觀八極考建五常

醫宗必讀卷之一

醫宗必讀十卷

（明）李中梓撰　明王漢冲潤古堂刻本　五册

匡高 20.4 厘米，廣 13.7 厘米。半葉九行，行十八字。白口，四周單邊，單黑魚尾。有“西圃藏書”印。

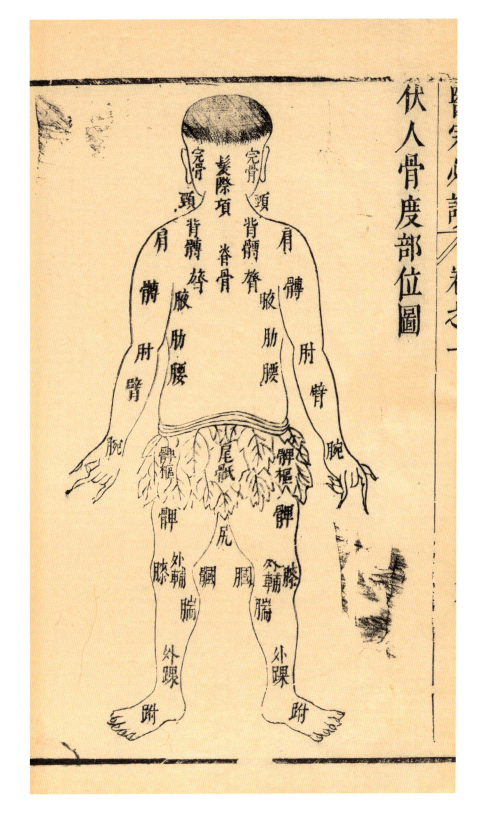

伏人骨度部位圖

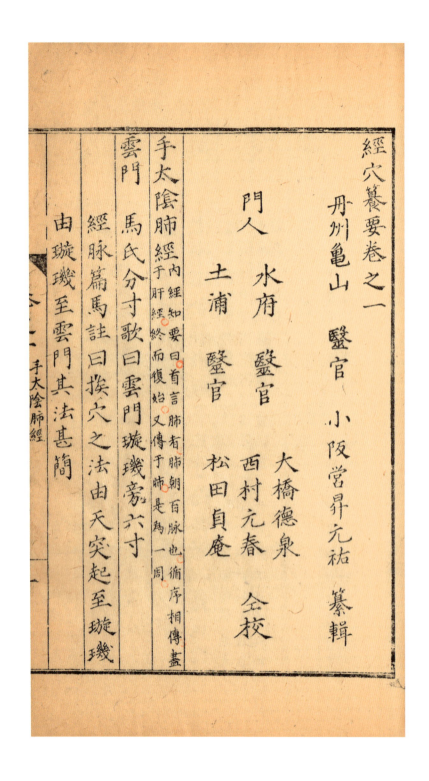

經穴纂要五卷

（日本）小阪元祐著　日本文化七年（1810）京都下谷御成道青雲堂刻本　二册

匡高 20.6 厘米，廣 13 厘米。半葉十行，行二十字。白口，上下雙邊，單黑魚尾。有"夏建寅""夏同春"印。

此圖ハ列缺ノ穴ヲ附ルニ兩手ヲ
以テ交叉シテ食指ノ尽ル処ニ附
ルナリ針灸大成曰手太陰絡別走
陽明去腕側上一寸五分以兩手交叉
食指尽処兩筋骨中又医学原始曰
経渠一法用食指交叉列缺爲唯次
取食指於甲角下是穴也
又說文手指相錯也

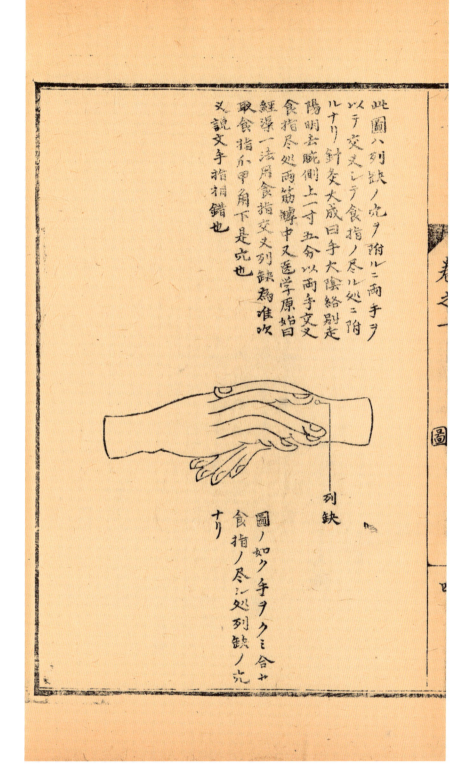

列缺

圖ノ如ク手ヲクミ合せ
食指ノ尽ル処列缺ノ穴
ナリ

臟腑證治圖說人鏡經八卷附錄二卷續録二卷

（明）錢雷附録　　（清）張俊英續録　　清雍正十一年（1733）益州張鶴州刻本　　五冊

匡高 19.0 厘米，廣 12.6 厘米。半葉十行，行二十字。白口，四周單邊，單黑魚尾。

名醫類案卷第一

新都篡南江瓘集　　後學

　　　　　　　　　　　　仁和余　　集蓉裳
　　　　　　　　　　錢塘魏之琇玉橫　重校
　　　　　　　　　　仁和沈　烺敦曾
　　　　　　　　　　歙鮑廷博以文

中風

琇按南方中風絕少多屬非風類風皆風木內病由內發皆屬氣

與火若後之虛風洞風是也

病臨症之工宜詳審焉。凡風

許亂宗治王太后病風不能言口噤而脉沉事急矣非大補

不可也若用有形之湯藥緩不及事乃以防風黃茋煎湯

數斛置於牀下湯氣薰蒸滿室如霧使口鼻俱受之其夕

便得語此非智者通神之法不能回也蓋人之口通乎地

鼻通乎天口以養陰鼻以養陽天主清故鼻不受有形而

名醫類案十二卷

（明）江瓘撰　清乾隆三十五年（1770）新安鮑氏知不足齋刻本　十二冊

　　匡高 18.9 厘米，廣 13.3 厘米。半葉十行，行二十三字。白口，左右雙邊。版心下方有"知不足齋正本"。

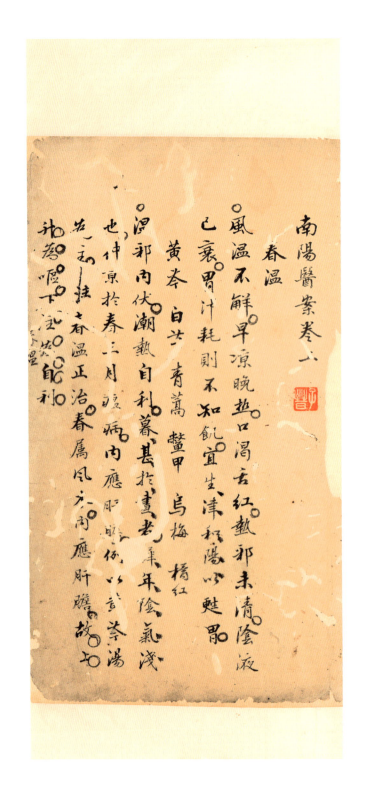

南陽醫案卷一

春温

○風溫不解早凉晚熱口渴舌紅熱邪未清陰液
已衰胃汁耗則不知飢宜生津和陽以甦胃

黃芩　白芍　青蒿　鱉甲　烏梅　橘紅

○溫邪內伏潮熱自利暮甚於晝其氣年陰氣淺
也仲景於春三月謂病內發候倣以葳蕤湯

左脈弦牢春溫屬風木兩應肝膽故上
升蒼嘔下泄宜和

南陽醫案二卷

（清）葉桂撰　清鈔本　二冊

書高 23.6 厘米，廣 15 厘米。半葉九行，行字不一。有"子晉""畔三"印。

寒○熄肉○日

赤石脂　烏梅炭　炒粳米　炮薑灰　木瓜

脾腎腹痛久痢溺血○

熟地炭　炒當歸　炙甘草　乾薑　兜苓　查炭　八束

白芍

久痢下血不泊

熟地　萸肉　茯苓　山藥　丹皮　淬酒　附子　禹餘粮

赤石脂　水泛為丸

飢不欲食畏肉又泄瀉至咽此屬肝木犯胃尚主寒人汪錦三重

光緒皇上病吾師與蓮舫陳天同畬議房

九月初七日請得

皇上脈左三部靜細右動按仍弦清黃雖諸恙見

咸而中焦消化呰遲進清瀉相干脘宇痛悶腹響

始道大便乾稀不甚乾刻降瀉稀刻氣陷

不和以玫神倦乜曉形愈長眩呂食參力必

得坐立移動肢斬疲爽稍和仍少溓二濁欬

嗽虛空脅痛左右輩作以脈合證仿金匱之法

以飲食消息之刻岢餅可以間服伏乞

聖裁　阽凤七食同搗

西棉者半　天生拣朮子　引用煨姜二小片

曹滄洲醫案二卷

（清）曹滄洲撰　鈔本　一冊

書高 23.1 厘米，廣 18.7 厘米。半葉十一行，行十八至二十字不等。無錫柳劍南藏。

淋濁

疝氣

經產

喉科

疔門

耳目鼻

唇齒舌

乳科

外瘍綜門

拾遺

蘇州書澹洲醫案真本 無錫柳劍南藏

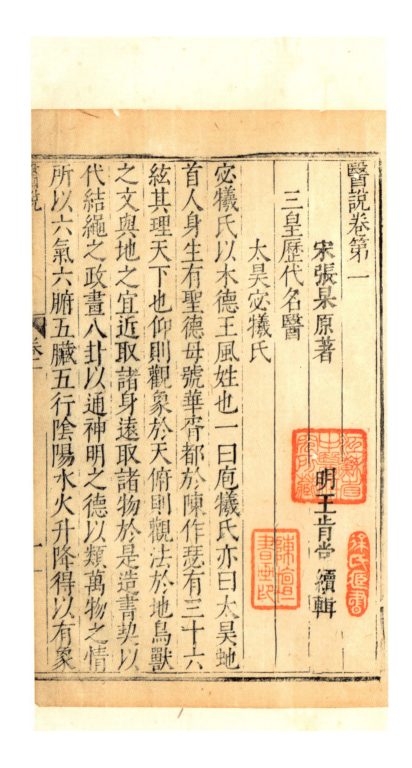

醫說十卷

（宋）張杲撰　明萬曆刻本　十九册

匡高 20 厘米，廣 13.1 厘米。半葉十行，行二十字。白口，四周雙邊，單黑魚尾。有"粟一齋""野峰徐氏藏""徐氏臧書""陳檀書画印"等印。

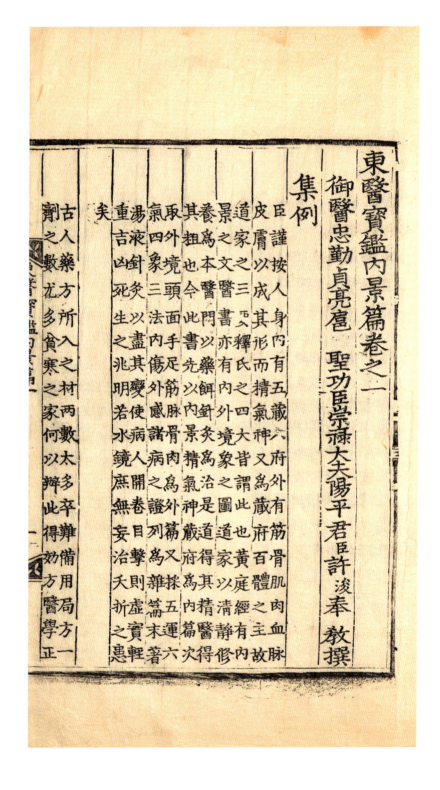

東醫寶鑑二十三卷

（朝鮮）許浚撰　明崇禎七年（1634）內醫院刻本　二十四冊

匡高 25.7 厘米，廣 17.4 厘米。半葉十行，每行字數不等，小字雙行同。白口，四周雙邊，對花魚尾。

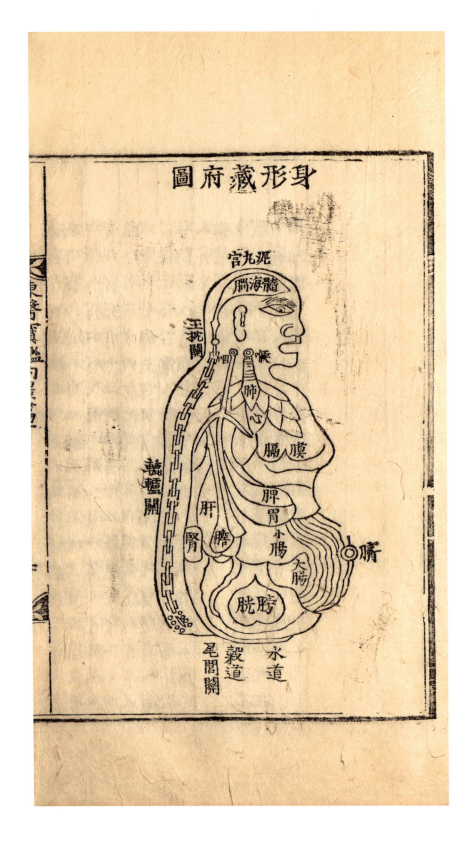

身形藏府圖

新鍥醫學入門內集卷之二

本草總括

本草經肇炎皇,醫之祖也。伊尹用本經為湯液。仲景廣湯液為方,浚後之陶唐、李東……

本草雖多,不能及也。且久於黑白未免魚混得,經要者惟古菴、節菴,是以總法。

象於前分五品,其先輩惟……

知藥性專治病,間病受,法能窮素問……

非好芳也,不敢少違。經青者耳,指南云,多有修改本草,讀者……用藥當擇何味必得……識病未得者……焉。

天有陰陽彰六氣

陰三陽,風寒暑濕燥火,三溫涼寒熱四時行。春……金木水火化……生長……

溫熱者,天之陽也,秋冬涼寒則降,陰則升。

收藏下……者,天之陰也,陽則升,陰則降。

應之。

地有陰陽化五味

酸苦辛鹹淡,地之陰也,陽則浮,陰則沉。酸苦鹹者,地之陰也,陽則浮,陰則沉。酸苦……生。

於東方木應春氣溫,入肝;苦生於南方火應夏氣熱,入心;

其生於中央土應四季氣薰溫涼寒,熱之味,鹹辛鹹酸苦……其……

一本草總括

醫學入門七卷

（明）李梴編　明刻本　十八冊

匡高 22.5 厘米，廣 13.8 厘米。半葉九行，行二十二字，小字雙行同。白口，四周雙邊，雙黑魚尾。

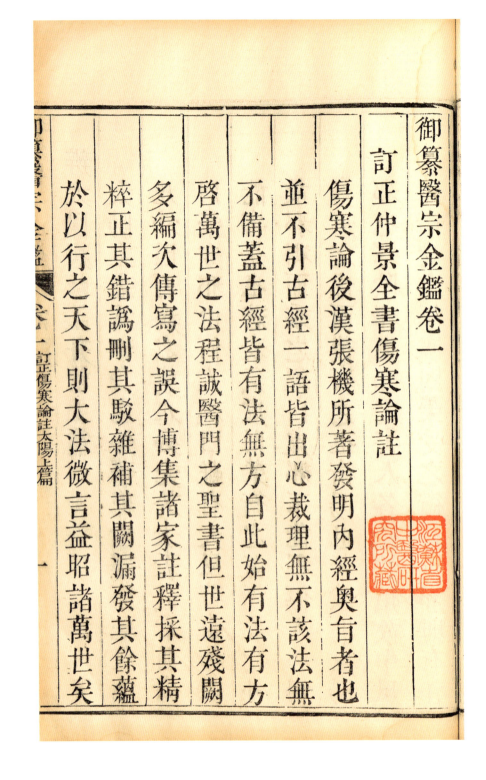

御纂醫宗金鑑卷一

訂正仲景全書傷寒論註

傷寒論後漢張機所著發明內經奧旨者也
並不引古經一語皆出心裁理無不該法無
不備蓋古經皆有法無方自此始有法有方
啟萬世之法程誠醫門之聖書但世遠殘闕
多編次傳寫之誤今博集諸家註釋採其精
粹正其錯譌刪其駁雜補其闕漏發其餘蘊
於以行之天下則大法微言益昭諸萬世矣

訂正傷寒論註太陽上篇　　一

御纂醫宗金鑑九十卷首一卷

（清）吳謙等纂　清乾隆武英殿刻本　三十二冊

匡高 20.3 厘米，廣 15.5 厘米。半葉九行，行十九字。白口，四周雙邊，單黑魚尾。

局方發揮

金華　朱彥脩　撰

新安　吳中珩　校

和劑局方之為書也可以據證檢方即方用藥不必求醫不必修制尋贖見成丸散病痛便可安痊仁民之意可謂至矣自宋迄今官府守之以為法醫門傳之以為業病者恃之以立命世人習之以成俗然竊有疑焉何者古人以神聖工巧言醫又曰醫者意也以其傳授雖的造詣雖深臨機應變如對敵之將操冊之工自非盡君子隨時反中之妙寧無愧於醫

東垣十書十九卷

（元）李杲等撰　明刻清文奎堂印本　十六冊

匡高 18.7 厘米，廣 13 厘米。半葉十行，行二十字。白口，左右雙邊，單黑魚尾。有"盧氏藏書"印。

丹溪心法附餘卷首　　　　休寕東山右庵方廣約之類集

本草衍義補遺凡一百五十三種

金集　　　　　　　　甲集

石鍾乳爲慓悍之劑經曰石鍾乳之氣悍亡哉言也天生斯
民不厭藥則氣之偏可用於暫而不可久夫石藥又偏之
意者也自唐時太平日久膏粱之家惑於方士服食致長
生之說以石藥體厚氣厚習以成俗迨至宋及今猶未已
也斯民何辜受此氣悍之禍而莫知能救衰哉本草讚服
有延年之功而槨子厚又從而述炎之餘不得不深言也
○唐本註云不可輕服　多發淋淋
硝屬陽金而有水與火上善消化驅逐而經言無毒化七十

丹溪心法附餘二十四卷

（明）方廣編　明萬曆書林吳氏刻清福建多文堂重修本　十六冊

匡高 18.8 厘米，廣 12.4 厘米。半葉十一行，行二十四字。白口，四周單邊。

邵武原板丹溪心法附餘

此本林第一書也原係本堂刊行但舊板潦草幾煩良相
之手而字跡舛蒙尚費洞垣之日用是鳩工繕茲鳩集務
新丹溪之全觀寧惜洛紙之浩繁錄者既以壽世之念而
公世購者當以重生之秘而重價福建多文堂梓行

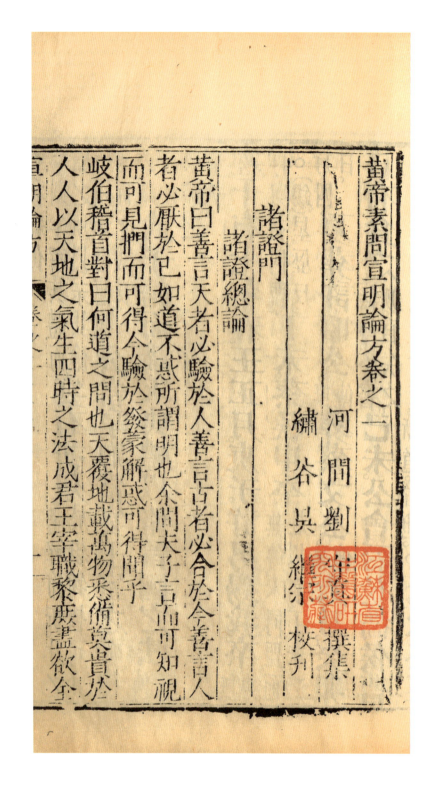

黃帝素問宣明論方卷之一

河間劉　　　撰集

繡谷吳繼宗校刊

諸證門

諸證總論

黃帝曰善言天者必驗於人善言古者必合於今善言人者必厭於己如道不惑所謂明也余聞夫子言而可知視而可見捫而可得令驗於發蒙解惑可得聞乎岐伯稽首對曰何道之間也天覆地載萬物悉備莫貴於人人以天地之氣生四時之法成君王眾職黎庶盡欲全

劉河間傷寒三書二十卷

（元）劉完素等撰　明末繡谷吳繼宗刻本　十二冊

匡高 19.3 厘米，廣 12.2 厘米。半葉十行，行二十二字。白口，四周雙邊，單黑魚尾。

醫家必備

新安程郊倩訂正

劉河間傷寒三書

宣明論　原病式　保命集

步月樓發兌

素問玄機原病式

河間處士劉完素守真述

明 新安 吳勉學肖愚校

五運主病

諸風掉眩皆屬肝木 予音眩

掉搖也眩昏亂旋運也風主動故也所謂風氣甚

而頭目眩運者由風木旺必是金衰不能制木而

木復生火風火皆屬陽多爲兼化陽主乎動兩動

相搏則爲之旋轉如春分至小滿爲二之氣乃君

劉河間醫學六書二十五卷

（元）劉完素等撰　明萬曆二十九年（1601）新安吳勉學刻清步月樓重修本　十六冊

匡高 20 厘米，廣 12.9 厘米。半葉十行，行二十字。白口，四周雙邊，單黑魚尾。

劉守眞先生輯訂　　映旭齋藏板

劉河間醫學六書

素問玄機原病式　宣明方論
素問病機保命集　傷寒醫鑒
傷寒直格　　　　傷寒標本
附傷寒心要　　　傷寒心鏡

步月樓梓行

寓意草

先議病後用藥

　　從上古以至今時一代有一代之醫難神聖賢明分

量不同然必不能舍規矩隼繩以為方圓平直也故

治病必先識病識病然後議藥藥者所以勝病者也

識病則千百藥中任舉一二種用之且通神不識病

則岐多而用眩凡藥皆可戕人況於性最偏駁者乎

邇來習醫者眾醫學念荒遂成一議藥不議病之世

西昌喩昌嘉言甫著

黎川陳守誠伯常重梓

喻氏醫書三種十六卷

（清）喻昌撰　清乾隆二十八至三十年（1763—1765）黎川陳守誠刻嵩秀堂重修本　十六冊

匡高 18.1 厘米，廣 12.7 厘米。半葉十行，行二十字。白口，左右雙邊，單黑魚尾。

余讀醫書以吐立齋先生之十三種為最後又得析
韵伯之傷寒論翼河間直格東垣試效丹溪金匱
鉤元於張劉朱李之精美自謂已得

癸巳六月君躍養疴記

讀君默記言薛氏醫書共計十三種今所購僅五種其餘
八種六無目錄可查合幸五種卷帙完整雖不能窺全豹
以薛氏奧旨六可已見一斑矣
二九年元宵後一日寶鈞記

薛氏醫按十六種七十八卷

（明）薛己等撰　明刻本　六冊

匡高 20.5 厘米，廣 12.9 厘米。半葉九行，行十九字。白口，四周單邊。存六種：口齒類要、保嬰金鏡録、明醫雜著、内科摘要、女科撮要。

明醫雜著卷之三

鄞人　王節齋集

後學　薛　己註

卜兼三校

續醫論

喘與脹二症相因必皆小便不利喘則必生脹脹
則必生喘但要識得標本先後先喘而後脹者主
於肺先脹而後喘者主於脾何則肺金司降外主
皮毛經曰肺朝百脈通調水道下輸膀胱又曰膀

明醫雜著卷之三 一

保嬰撮要卷之一

薛氏醫書校

　　　　　　　　　吳郡薛鎧集　薛己驗

　　　　　　　江都　魏一元校

初誕法

小兒在胎禀陰陽五行之氣以生臟腑百骸藉胎液
以滋養受氣既足自然生育分娩之時口含血塊啼
聲一出隨即嚥下而毒伏於命門遇天行時氣久熱
或飲食停滯或外感風寒驚風發熱等因發為瘡疹
須急於未啼時用軟帛裹指宜去其血用黃連豆豉
硃蜜甘草解之後雖出痘亦輕矣有嚥入即時腹脹

薛氏醫按二十四種一百七卷

薛氏醫按二十四種一百七卷

（明）吳琯輯　明萬曆刻清聚錦堂印本　四十八冊

匡高 20.1 厘米，廣 13.2 厘米。半葉十行，行二十字。白口，左右雙邊，單黑魚尾。有"養氣"印。

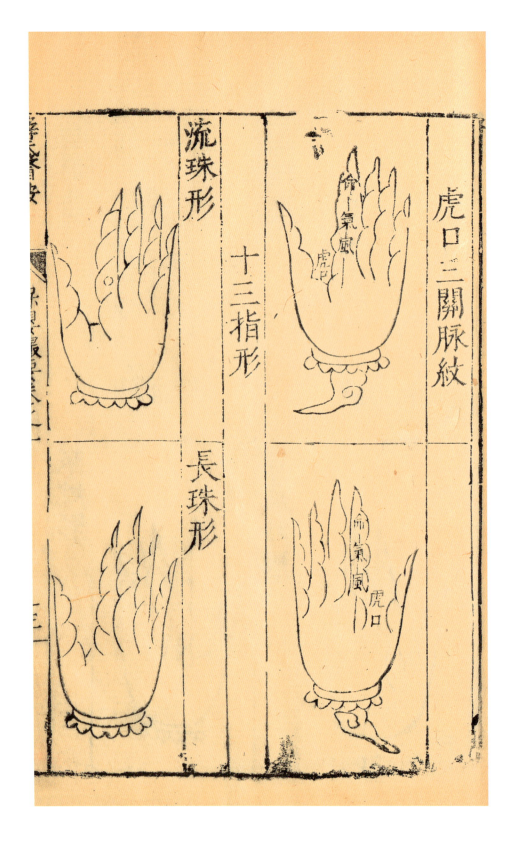

保嬰撮要卷之一　薛氏醫按

吳郡薛鎧集　薛己瞼

都　魏一元校

初誕法

小兒在胎稟陰陽五行之氣以生臟腑百骸藉胎液
以滋養受氣既足自然生育分娩之時口含血瑰喘
薛一出隨即斃下而毒伏於命門遇天行時氣久熱
或飲食停滯或外感風寒驚風發熱等因發為瘡疹
須急於未啼時用軟帛裹指咬去其血用黃連豆鼓
硃蜜甘草解之後雖出痘亦輕矣有嚥入即睧腹脹

薛氏醫按二十四種一百七卷

（明）吳琯輯　明刻本　四册

匡高 20.2 厘米，廣 13.3 厘米。半葉十行，行二十字。白口，左右雙邊，單黑魚尾。存二種：保嬰撮要、錢氏小兒直訣。

陳氏小兒痘疹方論

薛氏醫按

吳郡薛　巳記

汪郡魏一元校

嘗謂小兒病症雖多而瘡疹最爲重病何則瘡疹之病蓋初起疑似難辨授以他藥不惟無益抑又害之况不言受病之狀孰知畏惡之由父母愛子急於救療醫者失察用藥差舛鮮有不致夭橫者文中每思及此惻然於心因取家藏巳驗之方集爲一卷名之曰小兒痘疹方論刻梓流布以廣救人活幼之意顧不韙歟

六科證治準繩四十四卷

（明）王肯堂輯　明萬曆刻本　六十一冊

匡高 20.7 厘米，廣 13.7 厘米。半葉十行，行二十字。白口，四周單邊，單黑魚尾。有"駒德脩印"印。

驚

要驚搐一也而有晨夕之分表裏之異身熱力大者

為急驚身冷力小者為慢驚仆地作聲醒時吐沫者

為癇頭目仰視者為天弔角弓反張者為痙而治各

不同也

藏府旺時補瀉法

〔錢〕因潮熱發搐在寅卯辰時者此

肝旺事之時也身體壯熱目上視手足動搖口內生

熱涎項頸強急此肝旺也當補腎治肝補腎地黃丸

方見腎部治肝瀉青丸〔方見肝部〕〔釋〕寅卯辰時搐而發熱作

馮氏錦囊秘錄雜症大小合叅卷首上

海鹽馮兆張楚瞻甫纂輯　　羅如桂丹臣

門人王崇志眞初仝較

男　乾元龍田

內經纂要

上古天眞篇曰、上古之人、其知道者、法於陰陽、和於術數、食飲有節、起居有常、不妄作勞、故能

郅道謂郅修養之道也、夫陰陽者、天地之常道、術數者、保生之大倫、故修養者、必謹先之

食飲者、充虛之滋味、起居者、動止之綱紀、飲食自倍、腸胃乃傷、生氣通天論曰、必藉必

起、居如驚、神氣乃浮、是惡妄動也、廣成子曰、清、無勞汝形、無搖汝精、乃可以長生、故聖人先之也、必藉必

馮氏錦囊秘錄雜症内經纂要首上

上古天眞篇

一

馮氏錦囊秘錄五十卷

（清）馮兆張撰　清康熙四十一年（1702）刻本　二十冊

匡高20.6厘米，廣13.4厘米。半葉九行，行二十二字，小字雙行同。白口，左右雙邊。牌記上有"尊之至寶""啓後堂"印。

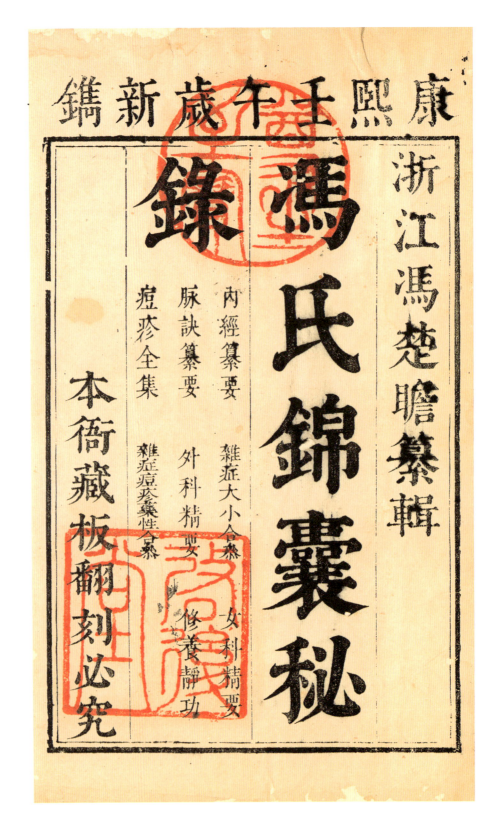

康熙壬午歲新鎸

浙江馮楚瞻纂輯

馮氏錦囊秘錄

內經纂要　　雜症大小合參

脉訣纂要　　外科精要

痘疹全集　　雜症痘疹藥性合參

女科精要

修養靜功

本衙藏板翻刻必究

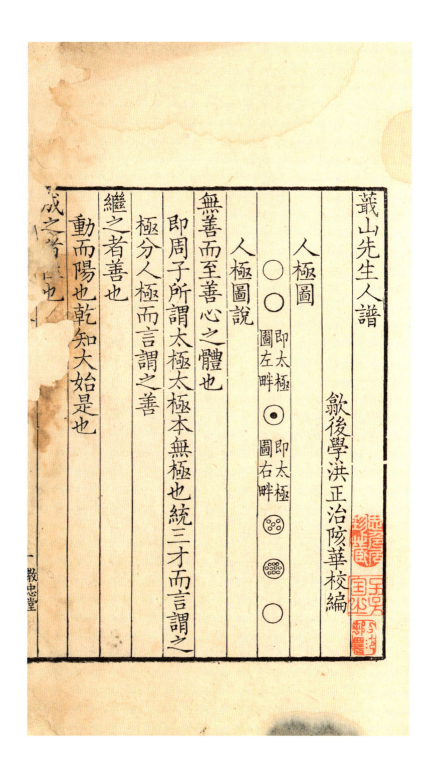

人譜不分卷

（明）劉宗周撰　清乾隆教忠堂刻本　二冊

匡高 17.7 厘米，廣 13 厘米。半葉十一行，行二十一字。白口，四周單邊。有"思危居珍藏""子孫宝之""白泠邨農"等印。

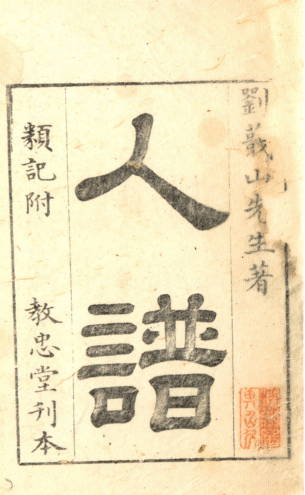

劉蕺山先生著

人譜

類記附

教忠堂刊本

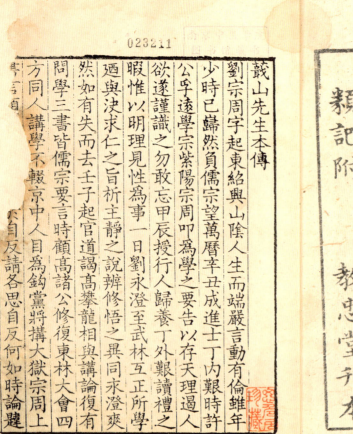

蕺山先生本傳

劉宗周字起東絡與山陰人生而端嚴言動有倫雖年

少時已歸然負儒宗望萬曆辛丑成進士丁內艱時許

公孚遠學宗紫陽宗周叩為學之要告以存天理過人

欲遂謹識之勿敢忘甲辰授行人歸養丁外艱讀禮之

暇惟以明理見性為事一日劉永澄至武林互正所學

迺與決求仁之旨折主靜之說辨修悟之異同永澄爽

然如有失而去壬子起官道謁高諸公修復東林大會四

問學三書皆儒宗要言時顧高攀龍相與講論復有

方同人講學不報京中人目為鈎黨將搆大獄宗周上

說文解字第一上　漢太尉祭酒許慎記

銀青光祿大夫守右散騎常侍上柱國東海縣開國子食邑五百戶臣徐鉉等奉

敕校定

十四部　六百七十二文　重八十

凡萬六百三十九字

文三十一　新附

一　惟初太始道立於一造分天地化成

說文解字十五卷

（漢）許慎撰　清初汲古閣刻本　十六冊

匡高 20 厘米，廣 15.1 厘米。半葉七行，行十五字。白口，左右雙邊，單黑魚尾。

北宋本校刊

說文眞本

汲古閣藏板

也从玉俞聲羊朱切 玨 玉也从玉工聲戶工切 坙 莝瓆玉也从玉來聲落哀切

璔赤玉也从玉曾聲臧營切 瓊 玉也从玉夐聲渠營切 瓊或从敻 璚瓊或从巂

璠瑜美玉也玉色从玉番聲相倫切 瑜 玉也从玉向聲許亮切 璐 玉也从玉各聲刺聲盧達切

瑾瑜美玉也从玉堇聲居隱切瑾謹之瑜玗琪周書所謂夷玉也等曰今與璿同切 璿 美玉也从玉睿聲旬絹切 璿古文璿

瓊亦玉也从玉贊聲禮天子用全純玉上公用駹四玉一石侯用瓚伯用璋一石采玉也从玉英聲於京切

瑬玉光也从玉流聲落矦切 璇 美玉也从玉旋省聲似沿切 璆玉聲也从玉翏聲讀若糾巨玉器讀若宣相倫切

塽玉石半相埒也从玉有聲讀若畜牧之畜許救切 璑 三采玉也从玉無聲武扶切 璿 美玉也从玉睿聲若春秋傳曰璿弁玉纓似

瑲玉也从玉倉聲祖贊切 璿 玉有聲也从玉英聲於京切 瑳 玉石也从玉差聲路聲洛

書名筆畫索引